Lo que dicen padres y profesionales sobre *Vamos a firmar un contrato*

Vamos a firmar un contrato, me inspiró muchísimo. Mi hijo no tiene lenguaje. Al día siguiente de leer el libro, hice algunos cambios en mi enfoque de crianza y tuve un día estupendo con mi hijo después de varios días realmente difíciles. Los conceptos se explican en un lenguaje sencillo y las situaciones son muy fáciles de entender para cualquier padre. Recomiendo encarecidamente este libro a los padres de niños tanto neurodiversos como neurotípicos.

Lorri Unumb, directora general, *Council of Autism Service Providers*

Si algo me han enseñado 30 años de trabajo con niños y familias, es que los padres que respetan las opiniones de sus hijos y valoran su punto de vista, especialmente en lo que se refiere a plantear expectativas claras y a la equidad de las recompensas por cumplirlas, tienen familias más felices. Hay muchas formas de conseguirlo y una de las más eficaces es el contrato de conducta. Para obtener una guía clara y fácil de entender (y de poner en práctica), este maravilloso libro de dos expertos en el campo de la infancia y la familia, le dará la información que necesita.

Dr. Patrick C. Friman, vicepresidente, *Boys Town*

Vamos a firmar un contrato es una guía exhaustiva y atractiva para ayudar a cualquier familia a convertir una situación de comportamiento negativo en una situación positiva a través de un contrato. Este libro expone con claridad los pasos para elaborar contratos eficaces y ofrece ejemplos prácticos para identificar posibles escollos, de modo que el contrato pueda aplicarse con éxito. La gran cantidad de ejemplos prácticos, ilustraciones y modelos de contratos hacen que lo que podría ser un tema complejo sea fácil de leer y seguir.

Dr. Lynn Kern Koegel, *Stanford School of Medicine*

Este libro me ha llegado al corazón. Con ternura y respeto, los doctores Dardig y Heward invitan a las familias a embarcarse en un viaje de crecimiento. Proporcionan una guía práctica importante para ayudar a padres e hijos a navegar un conjunto diverso de situaciones en las que deben de manejarse expectativas y consecuencias. Sobre todo, modelan la claridad, el afecto y la responsabilidad que caracterizan a los mejores programas de cambio de conducta.

Dra. Shahla Ala'i-Rosales, BCBA-D,
University of North Texas

Jill Dardig y Bill Heward han creado un recurso estupendo para padres, abuelos, tíos y cualquier otra persona que pase tiempo con los niños. A través de viñetas humorísticas y realistas, *Vamos a firmar un contrato* presenta una estrategia de probada eficacia (el contrato de conducta) dirigida a promover la conducta positiva, la responsabilidad compartida y habilidades de autonomía personal. Tanto si se trata de conductas académicas, como de tareas domésticas u objetivos personales, *Vamos a firmar un contrato*, le ilusionará a usted y a sus hijos.

Dra. Janet S. Twyman, BCBA
Fundadora, *Blast*, A Learning Sciences Company

Con un cautivador estilo narrativo, Jill Dardig y Bill Heward han elaborado con maestría un conjunto de directrices prácticas para desarrollar y aplicar contratos de conducta. Bajo su dirección, esta técnica (que está sólidamente basada en principios científicos) se convierte en una divertida oportunidad de aprendizaje para que cualquier miembro de la familia consiga cambiar una conducta o alcanzar un objetivo personal. Aunque este maravilloso recurso está destinado a padres, es igualmente útil para otros cuidadores, así como para profesionales que deseen un enfoque positivo y probado para el cambio de conducta.

Amiris Dipuglia, BCBA

Si Vd. es padre o madre, lea este libro hoy mismo. El libro está ilustrado con un gran sentido del humor dando vida a una hoja de ruta directa para el establecimiento de una comunicación sana, así como objetivos constructivos y conductas positivas en todos los miembros de la familia. Los doctores Dardig y Heward transforman los procedimientos basados en la investigación en herramientas de crianza positiva para educar a los niños que asumen la responsabilidad de su propia conducta. Una versión anterior de este libro ha sido traducida a 10 idiomas. Aunque los ejemplos de *Vamos a firmar un contrato* están completamente actualizados, los principios son los mismos que han ayudado a los padres al éxito en la mejora de su entorno familiar durante más de 45 años.

Dra. Bridget A. Taylor, BCBA-D,
Directora, *Alpine Learning Group*

Vamos a firmar un contrato es un ejemplo de lo mejor que la ciencia de la conducta puede ofrecer a las familias. Los autores proporcionan una orientación práctica y positiva a los padres y cuidadores sobre qué hacer cuando un niño tiene problemas de conducta. La variedad de dinámicas y temas familiares que cubre el libro proporcionan abundante información relevante y realista.

Dr. Fernando Armendariz, BCBA-D,
Director, *FABAS*

En *Vamos a firmar un contrato*, Jill Dardig y Bill Heward hacen un trabajo increíble al presentar un enfoque paso a paso para ayudar a padres y a niños a mejorar su vida diaria utilizando contratos de conducta. Las historias de ejemplo y los modelos de contrato facilitan a los padres (y a los profesionales) la creación y adaptación de estos a niños de cualquier edad o nivel de habilidad.

Dra. Mary Lynch Barbera, BCBA-D,
Autora de *El enfoque de la conducta verbal* y *Turn Autism Around*

En este magnífico libro, hay una invitación constante a ver el mundo a través de los ojos de cada uno de los miembros de la familia y, al hacerlo, desarrollar una mayor comprensión mutua y crear un plan para mejorar la vida de la familia en su conjunto.

Dr. Darnell Lattal, director, *ABA Technologies*

Recomiendo de todo corazón este imprescindible libro que ilustra la experiencia de familias que usan contratos para abordar una amplia gama de conductas. Este brillante libro será útil tanto para padres como para profesionales.

Dr. David Celiberti, BCBA-D, director
Association for Science in Autism Treatment

Práctico y sin jerga innecesaria, *Vamos a firmar un contrato* se centra en la construcción de relaciones positivas entre los niños y sus padres, en lugar de limitarse a intentar frenar el mal comportamiento o fomentar la conformidad con instrucciones paternas. La claridad de la redacción y el uso de ejemplos de la vida diaria, así como la valoración de posibles factores de estrés en la vida familiar, hacen de este libro un recurso maravilloso.

Dr. Robert K. Ross, BCBA-D, director
Beacon ABA Services of Massachusetts and Connecticut

Como maestro de educación especial y padre de un niño con discapacidad, se que el manejo de la conducta de niños y jóvenes es posible con las herramientas adecuadas, herramientas como *Vamos a firmar un contrato*. He puesto a prueba las estrategias del libro con mis estudiantes, quienes, al entender con claridad recompensas y expectativas, están mucho más motivados en clase.

Dr. Danielle M. Kovach
presidente, *Council for Exceptional Children*

Vamos a firmar un Contrato

Ilustraciones: Albert Pinilla
Editor original: Elizabeth Dougherty
Maquetación: David Miles
Edición, traducción y maquetación de la edición en español: Javier Virués Ortega

Cita de esta obra (APA, 7ª ed.)

Cardig, J. C., y Heward, W. L. (2022). *Vamos a firmar un contrato* (J. Virues-Ortega, ed.). ABA España. https://doi.org/10.26741/978-84-09-40106-2

ABA España es una organización dedicada a la difusión, enseñanza e investigación del análisis aplicado de conducta en el mundo de habla hispana con iniciativas educativas, editoriales, tecnológicas y científicas, visítanos en https://aba-elearning.com

ISBN-13 978-84-09-40106-2 (Edición en rústica)
https://doi.org/ 10.26741/978-84-09-40106-2
Colección: Recursos para familias
Año de publicación: 2022

JILL C. DARDIG WILLIAM L. HEWARD

Vamos a firmar un Contrato

Estrategias positivas para cambiar la conducta de tus hijos

Edición y Traducción de Javier Virués Ortega

con *ilustraciones de* Albert Pinilla

Tabla de contenidos

PROLOGO

Educar a los hijos . . . la tarea más difícil

El concepto puede parecer un poco extraño al principio: ¿un libro de contratos de conducta para niños y padres? Recomiendo encarecidamente este libro a cualquier familia que se enfrente a un problema de conducta persistente y que no sepa cómo manejarlo (creo que eso incluye a todos los padres).

Los autores ofrecen un enfoque práctico y respaldado por la investigación para ayudar al niño a superar las conductas disfuncionales que interfieren no solo con la paz y la armonía familiar, sino también con el propio bienestar del niño. Si tiene un niño pequeño que hace rabietas con regularidad para salirse con la suya o un preadolescente que descuida los deberes porque se está volviendo adicto a las redes sociales, es útil contar con algunos consejos eficaces y probados para hacer frente a estas y otras muchas situaciones difíciles.

Los dos expertos que nos acompañan en este viaje son Jill Dardig y Bill Heward, colegas con los que he colaborado en varias publicaciones, y personas a las que tengo el privilegio de llamar amigos. Ambos atesoran décadas de experiencia en educación, educación especial y análisis de conducta, y ambos han dedicado su vida profesional a ayudar a niños y a sus familias. A nivel personal, me parece que son personas humildes y generosas, que no hacen su trabajo por la gloria personal, la fama o la riqueza (¿se puede uno hacer rico en el campo de la educación especial?), sino que se centran singularmente en aportar estrategias eficaces a padres y niños con dificultades.

Ningún libro tiene la respuesta perfecta a una de las tareas más difíciles de la vida: criar a hijos felices y productivos, pero este libro ofrece pautas muy útiles en nuestra lucha diaria por conseguirlo.

La principal estrategia esbozada aquí es crear un contrato escrito entre los padres y el niño, entre hermanos, o incluso un contrato que el niño hace consigo mismo. Para los niños que no leen o son muy pequeños, el contrato puede incluir dibujos o fotos en lugar de palabras. Hay varios elementos fundamentales para la eficacia de la intervención. Uno de ellos consiste en establecer expectativas claras para el niño. Los niños se comportarán naturalmente como niños, para bien o para mal, a menos que alguien les indique claramente cuáles son las expectativas para una determinada situación. ¿Cómo se puede esperar que se comporten en la iglesia o en la mesa a menos que alguien les haya enseñado delicada, amable y explícitamente lo que deben hacer? Puede ocurrir a veces, pero es una ilusión suponer que los niños aprenderán simplemente por ósmosis o imitación. Ayuda enormemente al proceso que haya un adulto que se preocupe por ellos y que esté dispuesto a fijar con claridad las expectativas de antemano.

El segundo elemento crítico es reforzar o recompensar cuando los niños cumplen esas expectativas. Unos de los malentendidos sobre el análisis aplicado de conducta es que la gente asume que consiste en "entrenar" al niño a seguir instrucciones de forma "robótica" a través de un sistema de premios y castigos, sin embargo, ¿quién de nosotros trabajaría si no recibiera una remuneración por ello o algún tipo de satisfacción, incluso altruista, por hacer nuestro trabajo? ¿Cuál sería el incentivo para hacer algo correctamente si no hubiera alguna recompensa o satisfacción por hacerlo? Ofrecer a los niños alguna forma de recompensa por su esfuerzo no es manipular. Es de sentido común, y es eficaz. Mucho más eficaz que las reprimendas o los castigos. Ni siquiera tiene que ser algo concreto. Los niños responden a palabras de elogio, y florecen cuando se les reconoce su esfuerzo.

Ningún libro ni ningún padre tiene la respuesta perfecta a una de las tareas más difíciles de la vida, educar a niños felices, pero este libro contiene algunas pautas útiles y provechosas en nuestra lucha por hacerlo bien.

Catherine Maurice

Autora del bestseller, *Déjame oír tu voz*

PREFACIO A LA EDICIÓN ESPAÑOLA

El poder de las historias

Al principio de nuestra carrera, ayudamos a fundar un programa de intervención temprana para niños pequeños con discapacidades en Massachusetts. La mayoría de los niños a los que atendía el programa estaban diagnosticados de autismo y presentaban graves problemas de conducta que creaban dificultades en casa y en los colegios a los que asistían, siendo la causa de considerable estrés. Bill era el profesor principal del programa. Jill enseñaba a los padres los principios y técnicas de cambio de conducta basados en la evidencia mediante reuniones semanales de grupo y visitas a domicilio en las que se ponía en práctica lo que se estaba aprendiendo en clase.

Jill se maravilló al comprobar que la mayoría de los padres comprendían y aplicaban fácilmente los principios basados en la evidencia con sus hijos. Muchos de los padres tuvieron un éxito especial al utilizar la herramienta de los contratos de conducta. Le dijeron que los contratos eran fáciles de elaborar y que tanto a ellos como a sus hijos les gustaba utilizarlos.

> Si el efecto de este libro se limita a que los miembros de la familia oigan la opinión y los deseos de los demás, habremos tenido éxito.

Aunque se alegraba de estos resultados positivos, Jill quería llegar a un público más amplio de padres, dada la necesidad de las familias de disponer de herramientas de crianza positivas y funcionales. De hecho, la mayoría de los padres no reciben formación alguna para ejercer su labor de padres. Jill quería encontrar una forma de llegar a más familias, especialmente a aquellos padres cuyos hijos no recibían servicios de apoyo y que realmente los necesitaban, dándoles acceso a estas útiles herramientas de forma directa. Se planteó si un libro de historias reales podría ayudar a las familias a aprender a utilizar los contratos de conducta por sí mismas. Los padres o los hijos mayores podrían leer las historias ellos mismos para entender cómo funciona el proceso, o podrían leer las historias a los niños más pequeños para enseñarles cómo podrían beneficiarse del contrato. A Bill le encantó la idea.

Ello nos motivó a escribir *Firma aquí: Contratos de conducta entre padres e hijos,* publicado por primera vez en 1976. El libro presentaba escenarios humorísticos e ilustraciones para contar cómo una familia (dos padres que trabajan y sus tres hijos) aprende a utilizar contratos de conducta para resolver problemas y mejorar sus interacciones.

Luego escribimos una segunda edición ampliada que se publicó en 1981, en el que incorporamos los resultados de tres estudios de tesis doctoral sobre el tema realizados en la Universidad Estatal de Ohio, en los que se utilizó el libro como vehículo para enseñar a realizar contratos en el contexto del hogar y la escuela obteniendo resultados positivos.

Firma aquí se ha publicado ya en diez idiomas (véase la página 226) y ha ayudado a miles de familias en todo el mundo. Los traductores revisaron las historias para que representaran la vida familiar actual y las normas culturales de sus países. Los resultados han sido ingeniosos e inspiradores. Por ejemplo, la edición en chino está bellamente ilustrada a todo color, y la versión japonesa es un cómic manga con dibujos muy creativos.

En este nuevo libro, *Vamos a firmar un contrato*, hemos actualizado y ampliado los relatos para incluir a diversas familias, incluidos los niños con discapacidad. También hemos hecho que las instrucciones para crear contratos sean más fáciles de poner en práctica al dividirlas en cuatro pasos clave: seleccionar la tarea, elegir la recompensa, escribir el contrato y ponerlo en práctica. Esperamos que las familias encuentren los contratos divertidos.

Estamos encantados de que *ABA España* haya puesto a disposición de las familias hispanohablantes de todo el mundo *Vamos a firmar un contrato.*

La edición en español de *Vamos a firmar un contrato* realizada por el Dr. Javier Virués Ortega y su equipo refleja las normas culturales y la vida familiar actual de las familias hispanohablantes. También se han añadido recursos en español al libro, proporcionando a padres y profesionales información adicional que puede ser especialmente útil y accesible para ellos.

Es muy gratificante establecer colaboraciones globales con colegas que desean, como nosotros, aplicar los principios de ABA para hacer del mundo un lugar mejor. Damos las gracias a *ABA España* por hacerlo posible. Si el efecto de este libro se limita a que los miembros de la familia oigan la opinión y los deseos de los demás, habremos tenido éxito.

Jill C. Dardig y William L. Heward

INTRODUCCIÓN

¿Contratos? Cómo usar este libro

En esencia, un contrato es un acuerdo escrito entre dos personas que se comprometen a hacer algo. Por ejemplo, puedes acordar la compra de un coche o una casa por un precio determinado, y el vendedor se compromete a aceptar ese precio. Un contrato firmado registra este intercambio y lo hace oficial.

En este libro, estudiamos un tipo diferente de contrato, llamado *contrato de conducta* (también conocido como contrato de contingencias), que se centra en cambiar la conducta (la suya y la de su hijo) de una manera positiva y no punitiva. Los elementos principales de un contrato de conducta son la tarea que su hijo se compromete a realizar y la recompensa que recibirá por realizarla.

El uso de contratos de conducta es una forma sencilla, pero poderosa, de que su hijo asocie el resolver problemas de conducta con alcanzar objetivos personales. Las pruebas científicas que apoyan la efectividad de los contratos de conducta son sólidas.

Además de las tres tesis doctorales que ayudaron a informar y perfeccionar el método de contratos de conducta descrito en nuestro primer libro *Firma aquí* (véase el prefacio), muchos estudios de investigación han demostrado la eficacia de los contratos de conducta con niños en entornos escolares, clínicos y domésticos (ver la sección *Referencias*).

Aunque el contrato ha demostrado ser una técnica versátil y eficaz para mejorar el ambiente familiar, no es una cura para todo ni es la intervención adecuada para todas las situaciones. Un contrato eficaz sirve como dispositivo de motivación a corto plazo para que los miembros de la familia avancen hacia relaciones e interacciones más positivas y cooperativas. La mayoría de los contratos pueden eliminarse gradualmente a medida que los niños comienzan a experimentar de forma natural las recompensas de realizar tareas y utilizar las habilidades recién aprendidas.

¿Cómo usar este libro?: Hoja de ruta para padres

Veamos ahora con más detalle la estructura del libro y la forma de abordar su lectura. Hemos escrito *Vamos a firmar un contrato* en dos partes: la primera contiene nueve historias para niños, y la segunda incluye instrucciones para los padres. Puedes leer primero las historias de la Parte I (*Leer juntos*) y luego leer la Parte II (*Haz tus propios contratos*). También puede pasar directamente a la Parte II, que describe el proceso de crear y aplicar contratos de conducta paso a paso. Consulte las historias a medida que se mencionan, o espere y léalas después de terminar la información sobre cómo hacerlo.

Veamos ahora información más detallada sobre cada parte del libro.

PARTE I: LEER JUNTOS (HISTORIAS DE NIÑOS)

Nueve historias infantiles ilustran cómo cuatro familias utilizan los contratos para alcanzar objetivos y resolver diversos problemas. Las historias proporcionan un minicurso sobre cómo construir una variedad de contratos de conducta con los niños. También ilustran los problemas que pueden surgir con los contratos y cómo solucionarlos.

Las historias están interconectadas, pero pueden leerse solas o en cualquier orden. Puede leer uno o varios de los cuentos a su hijo o con él. Los niños más mayores pueden disfrutar de la lectura de estas historias ilustradas sin la ayuda de sus padres.

La sección de preguntas "Hablemos" que sigue a cada historia son estímulos para iniciar conversaciones con su hijo.

PARTE II: HAZ TUS PROPIOS CONTRATOS (GUÍA PARA PADRES)

La segunda parte del libro contiene información práctica para padres. Los primeros cinco capítulos cubren los fundamentos de los contratos de conducta y los pasos que se darán para crear un contrato:

- *¿Qué son los contratos de conducta?*
- *Seleccionar la tarea*
- *Elegir la recompensa*
- *Redactar el contrato*
- *Aplicar el contrato*

Los dos últimos capítulos abordan situaciones especiales:

- *Contratos con imágenes para niños sin repertorio de lectura*
- *Qué hacemos si su hijo no quiere probar el contrato de conducta*

Cómo se relacionan los relatos con los pasos a seguir

Los capítulos sobre cómo hacerlo hacen referencia a historias relevantes. A continuación, un resumen de cómo se relacionan entre sí y de los puntos clave de aprendizaje.

- En "Fuera de juego", Gerardo (10 años) hace un contrato para limpiar su habitación que suele estar desordenada. Lo que aprenderás: Cómo construir un contrato con sus tres partes principales: tarea, recompensa y registro de la tarea.
- En "Fisuras en el contrato", Gerardo pone a prueba los límites de su contrato de limpieza y gasta una broma a su familia. Lo que aprenderás: Cómo especificar los detalles de una tarea para que todo el mundo entienda en qué consiste, y saber que no hay problema en cambiar un contrato que no funciona.
- En "Un problema de números", Pedro (10) quiere mejorar sus notas en matemáticas. Lo que aprenderás: Cómo hacer un autocontrato para mejorar una habilidad académica y seleccionar la tarea correcta para obtener un resultado satisfactorio.
- En "El terror de las mascotas", Maya (4), que tiene autismo, aprende a ser amable con las mascotas. Lo que aprenderá: Cómo

hacer un contrato con imágenes para un niño que no sabe leer y cómo estructurar una recompensa para que sea efectiva.

- En "Lina echa una mano", los padres de Lina (14) trabajan y necesitan que ella empiece a cenar después de llegar del colegio. Lo que aprenderás: Cómo hacer un contrato para una tarea doméstica.
- En "Por mí mismo", Tino (10), que tiene diagnóstico de autismo, tiene problemas para prepararse a tiempo para el autobús escolar. Lo que aprenderás: Cómo hacer un contrato con palabras y fotos y preparar una lista de comprobación para que el niño lo siga.
- En "Hermanos Unidos", Gerardo y Lina hacen un contrato entre ellos que beneficia a ambos. Lo que aprenderás: Cómo hacer un contrato entre hermanos.
- En "Ahora te toca a ti, mamá y papá", Gerardo y Lina hacen un contrato con sus padres para que reconozcan sus logros y dejen de regañarles. Lo que aprenderás: Cómo hacer un contrato en el que los padres sean quienes deben de modificar su conducta.
- En "Haciendo amigos", Tino está descontento porque no tiene amigos en el cole. Su madre y su analista de conducta se reúnen con su maestra para ayudarle a aprender a hacer amigos. Lo que aprenderás: Cómo hacer un contrato que enseñe una habilidad social y cómo hacer un contrato que funcione tanto en el hogar como en el colegio.

Estamos encantados y entusiasmados de proporcionar información y herramientas para ayudarte en tu importante papel como padre. Te deseamos a ti y a tu familia resultados positivos y satisfactorios utilizando contratos.

Información en Internet

En *contractingwithkids.com* encontrarás plantillas y otros recursos que te ayudarán a crear tus propios contratos.

PARTE I

Para leer juntos

10

Fuera de juego

Se supone que Gerardo no debe hacer ruido después del cole cuando su padre duerme antes de ir a trabajar, ya que tiene horario nocturno. Por su parte, su hermana mayor, Lina, debería empezar a preparar la cenar antes de que su madre llegue a casa del trabajo. Ambos niños saben que deben hacer estas cosas, pero a menudo *no las hacen*.

Gerardo y Pedro corrieron bajo la lluvia desde la escuela hasta la casa de Gerardo. Los dos amigos subieron las escaleras a toda prisa, abrieron la puerta de la habitación de Gerardo dando un fuerte portazo contra la pared y se tiraron al suelo para recuperar el aliento.

"Ya que llueve demasiado para jugar fuera, vamos a terminar el juego que empezamos en el recreo", dijo Pedro, cogiendo una pequeña pelota de baloncesto.

"¡Adelante!" gritó Gerardo, saltando y extendiendo los brazos para intentar bloquear el tiro de Pedro.

Pedro hizo rebotar la pelota en el suelo de madera unas cuantas veces, dio dos pasos de gigante y lanzó la pelota a través del pequeño aro montado en la pared. Los dos chicos tomaron la pelota y se tiraron al suelo, agarrándose a ella y riendo. La diversión terminó cuando el padre de Gerardo, Manolo, apareció en la puerta del dormitorio. Parecía enfadado. También parecía cansado.

"¿Qué te pasa?", dijo su padre. "Sabes que trabajo por la noche y necesito dormir durante el día. Fin del juego. Luego hablaremos".

Manolo se alejó y Pedro se fue rápidamente.

Gerardo encontró a su padre afeitándose en el baño.

"Lo siento, papá. No quería despertarte. Me olvidé que debía estar en silencio".

"La mayoría de la gente tiene suerte de tener un trabajo diurno", dijo Manolo. "Yo, trabajo de noche. Eso significa que tengo que dormir durante el día. Me gusta tan poco como a ti".

Gerardo pensó en lo cansado que parecía su padre cuando llegaba a casa por la mañana mientras el resto de la familia estaba empezando el día. "Intentaré no volver a hacerlo", dijo Gerardo.

"Lo has estado diciendo todo el tiempo, pero sigues despertándome, vamos a tener que pensar en algo diferente".

Gerardo realmente lamentaba haber despertado a su padre, pero también le entristecía que su padre estuviera enfadado con él.

La madre de Gerardo, Eva, llegó a casa del trabajo. Gerardo sabía que había llegado porque podía oírla gritar desde la cocina pidiendo a su hermana Lina que dejara el teléfono y empezara a cenar.

"Hola, mamá", dijo Gerardo al entrar en la cocina. "¿Qué tal el día?"

"Estaba bien hasta que llegué a casa y encontré todo desordenado y, encima, Lina no había empezado a cenar aún", dijo Eva. "Hablando de cosas por hacer, ¿diste de comer al parro y sacaste la basura?".

"Gerardo y Pedro me despertaron de nuevo", dijo Manolo al entrar en la cocina.

"Gerardo, no te pedimos que hagas tantas cosas, ¿por qué no puedes hacer lo poco que te pedimos?", preguntó Eva.

Gerardo sentía que todos se metían con él.

¡Guau, guau, guau! Ahora era el turno del perro de quejarse. Toby estaba sentado junto a su cuenco de comida vacío y ladraba. Gerardo le dio a Toby una porción de comida, que engulló al instante.

"Vamos, Toby", dijo Gerardo, agarrando la bolsa de basura.

El perro le siguió fuera de la casa. Gerardo tiró la basura mientras Toby corría a a traer la pelota que Gerardo le solía lanzar. Toby dejó caer la pelota a los pies de Gerardo, quien se la lanzó al otro lado del patio. El perro corrió tras la pelota, volvió a correr hacia Gerardo y volvió a dejarla a sus pies. Toby se sentó, moviendo la cola.

"Al menos eres feliz", dijo Gerardo mirando a Toby. "Todos en esta familia están siempre enfadados. Siempre me meto en líos".

Gerardo retomó el balón y lo volvió a lanzar la pelota.

"Cuando todos se meten conmigo de esta manera, desearía estar en otro lugar, incluso en la escuela", dijo Gerardo.

Gerardo jugó con Toby hasta que su madre lo llamó para cenar.

Las cosas no mejoraron durante la comida. Todo el mundo estaba de mal humor y se quejaba.

“Gerardo y Lina, estoy cansada de pedirles que recojan lo que ensucian”, dijo Eva. “Cuando llego a casa del trabajo, lo mínimo ees encontrarme la casa sordenada”.

“Si tienes tiempo para estar mirando el móvil, lo tendrás también para ordenar tus cosas”, añadió su padre.

“Siempre nos estáis mandando”, dijo Lina. “¡Haz esto! ¡Haz eso!” “Estoy cansado de que todo el mundo esté siempre enfadado con los demás”, dijo Gerardo. Eva levantó las manos para pedir silencio.

“Basta”, dijo ella. “Que todo el mundo deje de hablar y me escuche. Todos somos parte de esta familia y tenemos que resolver las cosas juntos. Después de la cena, vamos a tener una reunión familiar. Es hora de que hagamos algunos cambios por aquí”.

Después de comer y de que cada uno pusiera sus platos sucios en el lavavajillas, se reunieron de nuevo en la mesa de la cocina.

“Atención todo el mundo, da inicio esta sesión del consejo familiar”, dijo Manolo. “Todos tendrán la oportunidad de hablar. Creo que si hicieseis lo que debéis hacer, todos seríamos más felices”.

“Para que quede claro lo que esperamos que hagas”, dijo Eva. “Gerardo, cuando vuelvas de clase, no armes ruido para que tu padre descanse, limpia tu habitación, da de comer al perro y saca la basura”.

“Tengo la intención de hacerlo”, dijo Gerardo. “Pero después de estar todo el día en el colegio, quiero divertirme cuando llego a casa, y luego se me olvida".

"Puedes divertirte, pero primero tienes que hacer tus tareas", dijo Manolo. "No está bien que te pongas a jugar si no has hecho antes lo que debes".

"Gerardo no es el único que no hace su parte por aquí", añadió Eva. "Lina, parece que todos los días cuando llego a casa del trabajo estás con el móvil o jugando".

"Mamá", dijo Lina, "incluso si empiezo a cenar antes de que llegues a casa, sigues gritándome por estar demasiado tiempo con el teléfono. Parece que no podemos hacer nada bien".

"Está bien, está bien", dijo Eva. "Todo el mundo está descontento por algo. Pero somos una familia y nos queremos, ¿no? Podemos trabajar juntos para hacer cambios que sean buenos para todos".

"Sí, mamá", aceptó Gerardo.

"Tienes razón, cariño", añadió Manolo.

"Tengo una idea", dijo Lina. "Puede sonar gracioso, pero lo hacemos en la clase de lengua y literatura de la profesora Amelia, y funciona muy bien".

"¿En qué consisten?", preguntó Manolo. "Si es una idea que crees que nos puede ayudar, queremos escucharla".

"Bueno, hacemos contratos con la profesora para realizar varias tareas", dijo Lina. "Puede ser por entregar los deberes a tiempo o por leer más libros".

"¿Qué tienen que ver los contratos con nuestra familia?", preguntó Eva, confundida.

"¿Qué es un contrato?", preguntó Gerardo.

"Un contrato es un acuerdo que dice que si haces algo, recibirás algo a cambio", dijo Lina. "En clase, si terminamos una tarea que nos pide nuestra maestra, ella nos da una recompensa cuando terminamos".

"Por qué necesitas tener un contrato para hacer lo que se supone que debes hacer de todos modos", dijo Manolo. "Tu madre y yo nunca firmamos contratos con nuestros padres".

"Eso es cierto, Manolo, pero si con un contrato logramos que hagan lo que les pedimos, tal vez valga la pena intentarlo", dijo Eva. “Los contratos también indican qué recompensa nos daría por terminar la tarea que prometamos hacer”, dijo Lina.

“¿Una recompensa?”, preguntó Manolo. “Vosotros deberíais ser buenos sin que os paguen. Eso es como pagaros por hacer lo que deberíais hacer de todas formas”.

“La recompensa no tiene por qué ser dinero”, dice Lina. “La recompensa puede ser hacer algo divertido juntos”.

“Me gusta esa idea si os ayuda a ser más responsables”, dijo Manolo. “Hacer cosas juntos hará que nos llevemos mejor”.

“¿De verdad? ¿Podemos probarlo?”, preguntó Lina. “Sí, hagámoslo”, dijo Manolo.

“¿Cómo lo hacemos?”, preguntó Gerardo.

“Los contratos suelen estar escritos en un papel”, dijo Lina. “Cuando dos personas hacen un contrato quieren decir que están de acuerdo con todo lo que dice el contrato”.

“Pero, ¿qué les obliga a hacer lo que dice el contrato? ¿Cómo obliga un papel a hacer algo?”, preguntó Gerardo.

“Cuando terminas la tarea que dice el contrato, obtienes la recompensa que también está prevista en el documento”, dijo Lina. “En clase, cada vez que termino una lección de nuestro programa de lectura por Internet, puedo leer lo que quiera durante

diez minutos. Incluso revistas que traigo de casa. Pero antes de firmar, hay que aceptar lo que dice. El contrato debe ser justos para todos".

"Entonces, ¿puedo negarme a firmar un contrato si creo que la recompensa es injusta? ¿Es eso lo que quieres decir?", dijo Gerardo.

"Eso es exactamente así. También hay una cosa más que ayuda a que los contratos funcionen", dijo Lina. "Un sello oficial".

"¿Qué es eso?", preguntó Gerardo.

"Un sello oficial es un sello personal de aprobación", dijo Lina. "Es como cuando la oficina de correos estampa el sello de 'correo urgente en una carta y garantiza que esa carta llegará en un día determinado. Hace que esa promesa sea más formal. Cuando ponemos el sello oficial de nuestra familia en un contrato, nos recuerda que debemos ser serios a la hora de hacer lo que prometimos".

"¿Cuál es nuestro sello oficial?", preguntó Gerardo.

"Esa es una de las cosas divertidas de los contratos", dijo Lina.

"Suele ser un pequeño dibujo, pero puede ser cualquier cosa. Como te gusta dibujar, podrías hacer el sello oficial de nuestra familia".

"Bueno, mamá y papá", continuó Lina. "Ya que estáis de acuerdo en probarlo, me ofrezco voluntaria para participar en el primer contrato".

"Yo también quiero un contrato", dijo Gerardo.

"De acuerdo", dijo Manolo. "OK, cada uno puede tener un contrato".

"El mío consistirá en ayudar a hacer la cena", dijo Lina.

"El mío será para no despertar a papá cuando llego del cole", dijo Gerardo.

"¿Por qué no pensamos todos en lo que queremos que digan nuestros contratos?", dijo Eva. "Mañana por la noche, podemos crearlos".

"Y haré un sello oficial para ponerlo en nuestros contratos y recordarnos que estamos haciendo una promesa seria", dijo Gerardo.

Gerardo fue a su habitación para dibujar un sello oficial. Apartó un montón de cosas de su escritorio, sacó sus lápices de colores y empezó a esbozar algunas ideas. Le costó unos cuantos intentos antes de saber lo que quería hacer. Luego hizo una copia final en limpio.

A la mañana siguiente, Gerardo invitó a todos a su habitación para que vieran el sello oficial de la familia. Lo había pegado en la pared. Mientras todos miraban, Gerardo quitó el papel superior para revelar el sello, que era un dibujo de la casa de la familia.

"Es precioso, Gerardo", dijo su madre.

"Ese es un bonito sello oficial", añadió Lina.

"A mí también me gusta el sello", dijo Manolo. "Pero no me gusta lo

desordenada que está esta habitación". Gerardo miró alrededor de su habitación. Tenía que admitir que estaba muy desordenada.

"Vale", dijo Gerardo. "Tal vez mi primer contrato deba ser sobre la limpieza de mi habitación en vez de sobre el silencio al llegar a casa".

"Creo que es una gran idea", dijo Eva. "A papá y a mí no nos gusta tener que regañarte constantemente por la limpieza".

"Trae un papel, Gerardo. Te enseñaré cómo hacer tu primer contrato", dijo Lina.

De alguna manera, Gerardo encontró un bolígrafo y un papel en blanco bajo el desorden de su escritorio.

"Bien", dijo Lina. "En el lado izquierdo del papel, escribe la tarea que vas a hacer. En el lado derecho, escribe la recompensa que recibirás por hacer la tarea".

Gerardo escribió: "Tarea: Limpiar mi cuarto".

"Mamá y papá, ¿cuál debería ser la recompensa?", preguntó.

"Bueno", dijo su padre, "¿qué tal esto como recompensa? Si limpias en tu habitación toda la semana, pasaré un tiempo especial contigo el sábado. Solo tú y yo".

"¿De verdad? Eso sería genial", dijo Gerardo.

Gerardo escribió: "Premio: Tiempo especial con papá el sábado".

Lina explicó que los últimos pasos eran añadir el sello oficial de su familia y firmar el contrato.

Gerardo puso el sello oficial. Luego, él y su padre firmaron.

"Bueno, ¡tenemos un contrato! Vamos a ver cómo funciona", dijo Manolo. "Estaré durmiendo cuando llegues a casa de la escuela. Estoy deseando ver tu habitación limpia cuando me despierte".

Hablemos

- ¿Qué problemas tiene la familia?
- ¿Por qué deciden intentar hacer un contrato?
- ¿Podría ayudar un contrato con algún problema que tenga tu familia?
- ¿Crees que el contrato que hicieron Gerardo y su padre funcionará?

Contrato

TAREA	RECOMPENSA
Limpiar mi cuarto	Tiempo especial con papá el sábado

Firme aquí: Gerardo

Firme aquí: Papá

2

Lagunas

En "Fuera de juego", Gerardo se metió en un lío por despertar a su padre y no ordenar su habitación. Gerardo y su padre hicieron un contrato que decía que si Gerardo limpiaba su habitación toda la semana, pasarían un tiempo especial juntos el sábado. Esto es lo que sucedió después.

Gerardo corrió todo el camino a casa desde la escuela. Quería adelantarse a hacer lo que había prometido en su contrato, que consistía en limpiar su habitación. Al llegar a casa entró con cuidado, ya que no quería hacer ruido y despertar a su padre.

Limpiar su habitación fue fácil. Gerardo volvió a meter la guitarra en su funda, colocó sus maquetas y libros en la estantería, hizo la cama y guardó la ropa. Trabajó con rapidez y solo tardó unos minutos en hacerlo todo. Tenía que admitir que su habitación se veía bien cuando estaba ordenada. Gerardo sonrió mientras se dirigía a la mesa a cenar.

Después de la cena, Gerardo estaba emocionado por mostrar su habitación limpia.

"Papá, ven a ver lo bien que he limpiado mi habitación, como prometí en nuestro contrato".

"Vale, vale, ya voy", dijo Manolo, siguiendo a su hijo al dormitorio.

"Bueno, ¿cómo lo hice, papá?", preguntó Gerardo, contento con su habitación limpia. "Está mucho mejor, pero tu escritorio sigue siendo un desastre", dijo Manolo. "Hay que ordenarlo antes de que puedas obtener el crédito por limpiar tu habitación".

"Eso no es justo. No has dicho nada de que mi escritorio esté ordenado. El resto de la habitación está muy bien. Limpié mi habitación, tal como dice el contrato".

La voz de Gerardo era lo suficientemente alta como para que su hermana la oyera desde su dormitorio. "Yo no lo veo así", dijo Manolo. "Si tu escritorio sigue desordenado, tu habitación no está limpia".

"¡Mi habitación está limpia!" insistió Gerardo.

Lina entró en la habitación de Gerardo. "Ya que fue mi idea usar contratos, tal vez pueda ayudar".

"Los contratos no funcionan", dijo Gerardo.

"Tu hermano tiene razón, Lina", añadió Manolo. "Hicimos un contrato y Gerardo no cumplió su parte del trato".

"Creo que un contrato todavía puede funcionar", dijo Lina. "Es que no te he dicho la regla más importante sobre los contratos.

Un contrato debe describir exactamente en qué consiste la tarea. Así nadie podrá discutir después si la tarea se ha realizado o no. Ese es el problema aquí".

"¿Cómo sabes todo esto?", preguntó Gerardo.

"Le dije a mi profesora que íbamos a intentar hacer contratos en casa, y me prestó este libro". Lina le entregó a Gerardo el libro. "Dijo que podíamos usarlo para ayudarnos a hacer nuestros contratos. Incluso tiene algunos formularios que podemos copiar para escribir nuestros contratos.

"Al principio", continuó, "algunos de nuestros contratos en la escuela no funcionaban, y no gustaban a nadie. Luego nuestra profesora nos hizo hacerlos más específicos, y funcionaron mucho mejor".

"Eso tiene sentido", dijo Manolo. "Gerardo, vamos a escribir tu contrato de nuevo, usando uno de los ejemplos de este libro como guía. Parece que añadir una sección sobre lo bien que debes hacer la tarea nos ayudará a ponernos de acuerdo sobre lo que significa exactamente limpiar tu habitación."

Gerardo y su padre hablaron de lo que tenía que hacer Gerardo y terminaron preparando esta lista:

- Recoger toda la ropa del suelo, la cama, el escritorio y la silla.
- Poner la guitarra en el estuche y las maquetas y los libros en las estanterías.
- Despejar la parte superior del escritorio. Poner los lápices en la taza del escritorio y los deberes en la mochila.
- Hacer la cama.

Después, Gerardo copió una plantilla de contrato del libro de Lina y escribió la lista bajo las palabras "Cómo de bien".

Gerardo y su padre aceptaron probar el nuevo contrato al día siguiente.

"¿Y si falto un día? ¿Significa eso que no pasaremos un tiempo especial juntos el sábado?", preguntó Gerardo.

CONTRATO

TAREA

* Quién: Gerardo
* Qué: Limpiar mi cuarto
* Cuándo: Papá comprobará la habituación todos los días después de cenar
* Cómo de bien:

- Recoger la ropa del suelo, la cama, el escritorio y la silla.
- Poner la guitarra en su funda y las maquetas y libros en las estanterías.
- Despejar el escritorio. Guardar los lápices y poner los deberes en la mochila.
- Hacer la cama.
- Puedo fallar un día a la semana y, aun así, obtener el premio.

RECOMPENSA

* Quién: Papá
* Qué: Tiempo especial con papá
* Cuándo: Sábado
* Cuánto:

3 horas. Gerardo puede elegir entre: jugar a la pelota, tirar a canasta, montar en bicicleta, ir a la piscina. Gerardo puede traer a un amigo si quiere.

L	M	X	J	V	L	M	X	J	V	L	M	X	J	V

Firme aquí: Gerardo 3/9/2034

Firme aquí: Papá 3/9/2034

"Entiendo lo que quieres decir", dijo Manolo. "Nadie es perfecto. Digamos que vas a limpiar tu habitación de lunes a viernes y puedes faltar un día a la semana y, aun así, ganarte la recompensa. Pero solo un día, nada más".

"Me parece justo. Voy a añadir un lugar en el contrato donde podamos marcar que he terminado la tarea cada día, para que podamos llevar un control."

Gerardo hizo los cambios y le mostró a Lina el nuevo contrato.

"Es bueno que hayas añadido los días de la semana", dijo Lina, "para que puedas marcar cada vez que limpies tu habitación. El libro lo llama "registro de tareas". Hay una cosa más que falta".

"¿Qué es eso?", preguntó Manolo.

"Si haces que Gerardo sea específico en la tarea, tienes que hacer que la recompensa también sea específica".

"Tienes razón", dijo Manolo. "Gerardo, vamos a arreglar eso antes de firmar el contrato".

En "Tiempo especial con papá", Manolo escribió: "3 horas a elección de Gerardo: jugar a la pelota, tirar al aro, montar en bici".

"Anota también 'ir a la jaula de bateo'", dijo Gerardo.

"De acuerdo". Manolo añadió "ir a la jaula de bateo" al contrato. "¿Y puedo llevar a un amigo?", preguntó Gerardo.

Su padre asintió y escribió en el contrato: "Gerardo puede traer a un amigo si quiere".

“Revisaré tu habitación cada noche después de la cena”, dijo Manolo. Escribió en el contrato: “Papá revisará la habitación todos los días después de la cena”.

“Bien”, dijo Gerardo, “y miraré la lista del contrato para saber exactamente lo que tengo que hacer cada día”.

• • • • •

Al día siguiente, Gerardo se dirigió directamente a su habitación cuando llegó a casa de la escuela. Retomó su contrato y miró la lista de cosas que tenía que hacer.

“Hmm, me pregunto si eso es lo que realmente significa”, pensó mientras leía la primera parte de la tarea. Decía: “Recoger toda la ropa del suelo, la cama, el escritorio y la silla”.

Gerardo hizo las demás tareas de la lista. Puso su guitarra en su funda y sus maquetas y libros en las estanterías.

Despejó su escritorio, metió los deberes en la mochila e hizo la cama.

Luego volvió a leer la primera parte. “Recoge toda la ropa del suelo, la cama, el escritorio y la silla”.

“Vale, eso es lo que dice, así que eso es lo que voy a hacer”.

Gerardo retomó la ropa que tenía tirada por la habitación. Luego sacó algunas prendas del armario. Cuando terminó, todo tenía el aspecto que él quería. Cerró la puerta de su habitación y salió a jugar al baloncesto con su amigo Pedro.

Después de la cena, descubriría si los contratos realmente funcionaban.

CONTRATO

TAREA	RECOMPENSA
* Quién:	* Quién:
* Qué:	* Qué:
* Cuándo:	* Cuándo:
* Cómo de bien:	* Cuánto:

TAREA

* Quién:

* Qué:

* Cuándo:

* Cómo de bien:

- Recoger la ropa del suelo, la cama, el escritorio y la silla.
- Poner la guitarra en su funda y las maquetas y libros en las estanterías.
- Despejar el escritorio. Guardar los lápices y poner los deberes en la mochila.
- Hacer la cama.
- Puedo fallar un día a la semana y, aun así, obtener el premio.

RECOMPENSA

* Quién:

* Qué:

* Cuándo:

* Cuánto:

3 horas. Gerardo puede elegir entre: jugar a la pelota, tirar a canasta, montar en bicicleta, ir a la piscina. Gerardo puede traer a un amigo si quiere.

Toda la ropa ordenada en el armario.

Gr

pp

L	M	X	J	V	L	M	X	J	V	L	M	X	J	V
✗	✓													

Firme aquí: Gerardo 3/9/2028

Firme aquí: Papá 3-9-2028

Esa noche, los padres y la hermana de Gerardo le siguieron a su habitación para ver si la había limpiado, según lo que decía el contrato.

La hermana y la madre de Gerardo empezaron a reírse. Luego su padre también empezó a reírse.

"Papá, ¿he limpiado mi habitación como dice el contrato?", preguntó Gerardo. "¡Debes estar de broma!", respondió Manolo.

"Bueno, cariño, Gerardo sí hizo lo que decía el contrato", le recordó Eva a Manolo. "Retomó toda su ropa del suelo, la cama, la silla y el escritorio".

Una de las camisas de Gerardo colgaba sobre el ventilador del techo. Los calcetines colgaban de la canasta de baloncesto. La ropa interior estaba en el pomo de la puerta.

"¡Esto sí que es una laguna legal!", dijo Manolo.

"¿Qué es una laguna legal?", preguntó Gerardo.

"Una laguna legal ocurre cuando un contrato o una norma está escrita de forma que permite a alguien hacer lo que dicen las palabras, sin atenerse al espíritu con el que fueron concebidas", dijo Manolo. "Te has aprovechado de una gran laguna del contrato".

Todos seguían sonriendo ante la broma de Gerardo.

"Pero hiciste lo que dice nuestro contrato, así que lo aceptaremos como válido por esta vez", dijo Manolo. "Pero hagamos el contrato más específico, como Lina sugirió".

"No hay problema, papá. Solo me estaba divirtiendo para ver si tú y mamá realmente querían seguir el contrato".

Gerardo tomó un bolígrafo y escribió en el contrato: "Toda la ropa debe guardarse en el vestidor o colgarse en el armario". Gerardo y su padre escribieron sus iniciales junto al cambio para mostrar que ambos estaban de acuerdo con él.

Cuando Manolo comprobó la habitación de Gerardo a la noche siguiente, su hijo había hecho todos los puntos que figuraban en el contrato.

"Todo se ve muy bien, Gerardo", dijo Manolo.

"Gracias, papá", dijo Gerardo.

Gerardo también decidió que se esforzaría más por no hacer ruido cuando llegara a casa después de la escuela. Así, su padre no estaría cansado cuando fuera a trabajar y cuando jueguen los dos a fútbol el sábado por la mañana.

Hablemos

- ¿Qué fue lo que falló en el primer contrato de Gerardo?
- ¿Cuál era la laguna en el segundo contrato de Gerardo?
- ¿Por qué Gerardo utilizó una laguna legal?
- ¿Cómo reaccionó la familia de Gerardo a su broma?

3

Un problema de números

A Pedro, el amigo de Gerardo, también tiene 10 años, le gusta el colegio y quiere hacerlo bien, pero no entiende los problemas de fracciones de la clase de matemáticas. Veamos si hacer un contrato consigo mismo puede ayudar a Pedro a cambiar esta situación.

"No he visto a Pedro desde que llegué a casa del trabajo, y no está fuera jugando al baloncesto con Gerardo", dijo Lena, su madre, mientras sacaba platos y vasos para la cena.

"Ahora que lo dices, yo tampoco lo he visto", dijo Leo, su padre, mientras picaba tomates, cebollas y cilantro para la salsa.

"Pedro suele ser el primero en la mesa los martes que hago tacos, su comida favorita".

Lena terminó de poner la mesa. "Probablemente, esté leyendo y haya perdido la noción del tiempo", dijo. "Iré a buscarlo".

Encontró a Pedro tumbado en la cama, mirando las pegatinas de estrellas que brillaban en la oscuridad y que formaban constelaciones en el techo.

"Todo está listo para los tacos, Pedro", dijo su madre.

Normalmente, Pedro se levantaba de un salto al mencionar la comida. Cuando se limitó a mirar al techo, Lena se sentó en la cama.

"¿Qué te preocupa, Pedro? ¿Pasó algo en la escuela?". "No me fue bien en mi examen de fracciones", dijo Pedro, cubriendo su cara con sus manos. "No se me dan bien las matemáticas, y mi profesora dice que hay que ser bueno en matemáticas para ser ingeniero de software".

Pedro quería ser ingeniero de software, como su madre, para poder diseñar videojuegos.

"Bueno, no todos podemos ser buenos en todo, pero parece que quieres mejorar en matemáticas", dijo Lena. "Cenemos y hablemos de ello. Encontrar una solución será más fácil cuando tengamos el estómago lleno".

Durante la cena, Pedro les dijo a sus padres que quería mejorar en matemáticas, pero que las fracciones le confundían mucho.

"Estudio", dijo Pedro, "pero no sirve de nada".

"Hmm, pensemos en lo que realmente sucede cuando dices que vas a estudiar", dijo Lena. "¿Con qué frecuencia juegas a los videojuegos en vez de estudiar y luego, a última hora, te apresuras a hacer una hoja de matemáticas antes de meterla en la mochila para terminarla por la mañana?".

"Es que también quiero divertirme", dijo Pedro.

"Me parece bien", dijo Leo. "A nosotros también nos gusta relajarnos después del trabajo. Pero parece que también quieres mejorar en matemáticas. ¿Qué puedes hacer de manera diferente para poder lograr ambas cosas?"

"Espera", dijo Lena. "Tengo una idea que podría ayudar. Solía aplazar la redacción del informe semanal que tengo que hacer en el trabajo. Luego me apresuraba a terminarlo al final del día, lo cual era estresante. Además, mi jefe pensaba que podría hacer un mejor trabajo si le dedicaba más tiempo".

"¿Pero qué tiene que ver eso con mi problema de matemáticas?", preguntó Pedro.

"Tu objetivo es hacer un mejor trabajo en matemáticas", dijo Lena. "Mi objetivo era escribir un buen informe sin prisas. Descubrí una manera de hacerlo que podría funcionarte a ti también".

"Bien, ¿y qué hiciste?", preguntó Pedro.

"Decidí que escribiría el informe el viernes a primera hora de la mañana y luego me recompensaría con la clase de yoga que me gusta a la hora de comer. Ahora que no tengo prisa por hacer el informe, en realidad es más fácil de hacer, y tanto mi jefe como yo estamos más contentos con el resultado."

"Eso se parece a lo que mi amigo Gerardo hace con su padre", dijo Pedro. "Hicieron un contrato para ayudar a Gerardo a mantener limpia su habitación. Cuando la mantiene limpia toda la semana, Gerardo y su padre pasan un tiempo especial juntos el sábado".

"Bueno, Pedro", dijo su padre, "tal vez en lugar de hacer un contrato conmigo o con mamá, podrías hacer un contrato contigo mismo".

"No lo entiendo", dijo Pedro. "Pensaba que un contrato necesitaba de dos personas".

"Tienes razón. Normalmente, cuando haces un contrato, te comprometes a hacer algo por otra persona", dijo Leo. "Si haces un contrato contigo mismo, te estarías prometiendo hacer una tarea. Recompensarte por hacerlo, te ayudará a cumplir esa promesa".

A su padre se le ocurri'o una idea para el contrato. "Podrías comprometerte a hacer mates media hora antes de jugar a videojuegos en las noches los días de semana. Es sencillo, ¿no?"

"Simple, pero no muy divertido", dijo Pedro.

"Bueno", dijo Leo, "tú eres el que quiere mejorar en matemáticas. Para ello, tendrás que dedicar más tiempo y esfuerzo".

"Vale, vale, vamos a intentarlo", dijo Pedro.

Después de la cena, Pedro y sus padres hablaron más sobre su contrato e imprimieron un formulario de contrato que encontraron en Internet para que Pedro lo rellenara.

En la sección de tareas, Pedro escribió que estudiaría matemáticas media hora después de la cena de lunes a viernes.

CONTRATO

TAREA	RECOMPENSA
* Quién: Pedro	* Quién: Pedro
* Qué: Estudiar mates	* Qué: Jugar a videojuegos
* Cuándo: Lunes a viernes después de cenar	* Cuándo: Cuando termine de estudiar
* Cómo de bien: Media hora	* Cuánto: Hasta una hora antes de dormir

L	M	X	J	V	L	M	X	J	V	L	M	X	J	V

Firme aquí: Pedro 28 de octubre

Firme aquí: Pedro 28 de octubre

En la sección de recompensas, escribió que después de estudiar matemáticas media hora, podía jugar a los videojuegos una hora hasta la hora de acostarse. Para ayudar a Pedro, sus padres acordaron utilizar un cronómetro para controlar el tiempo que pasaba estudiando.

Pedro decidió comenzar con su contrato de inmediato. Puso en marcha el cronómetro y se dirigió a su dormitorio a estudiar matemáticas.

Durante dos semanas seguidas, Pedro estudió media hora de lunes a viernes, repasando la lección de matemáticas en su libro de texto. Pedro siguió su contrato. Pero no sirvió de nada. Las fracciones seguían confundiéndole, y no mejoró en el siguiente examen de matemáticas.

"Quizá no soy lo suficientemente inteligente como para mejorar en matemáticas", les dijo a sus padres durante la cena.

"Creo que es más probable que tengamos que echar un vistazo al contrato y valorar por qué no está funcionando", dijo su madre. "Todos pensabamos que tu nota mejoraría si pasaras más tiempo estudiando. Pero tu objetivo no es realmente el tiempo. Se trata de que te vaya mejor en matemáticas. ¿Por qué no pruebas un nuevo contrato con un enfoque diferente?"

"¿Cómo qué?", preguntó Pedro.

"Podemos conseguir problemas de fracciones, como los que aparecen en la web que recomendó tu profesora", dijo Leo. "Cada noche de la semana, después de la cena, podrías trabajar en la resolución de diez problemas. Esa será la tarea que te comprometerás a hacer".

También señaló que la tarea podía durar más o menos de media hora. "Una vez que se resuelven los diez problemas correctamente, puedes jugar a un videojuego", dijo Leo.

"Si tienes problemas, puedes pedirnos ayuda a papá o a mí", dijo Lena. Pedro aceptó intentarlo y reescribió su contrato para decir que resolvería diez problemas de fracciones cada noche. Cuando le contó a su amigo Gerardo el contrato que había hecho consigo mismo, este le mostró a Pedro el sello oficial que había dibujado para los contratos de su familia. Gerardo explicó que el sello oficial ayuda a demostrar que un contrato es serio. A Pedro le gustó la idea. Añadió una pegatina

CONTRATO

TAREA

* Quién: Pedro

* Qué: ~~Estudiar mates~~
Resolver problemas de fracciones

* Cuándo: Lunes a viernes después de cenar

* Cómo de bien: ~~Media hora~~

Hacer 10 problemas parecidos a los que me han resultado difíciles en el colegio. Papá y mamá revisarán mi trabajo y me explicarán los problemas difíciles.

RECOMPENSA

* Quién: Pedro

* Qué: Jugar a videojuegos

* Cuándo: Cuando termine de estudiar

* Cuánto:

Hasta una hora antes de dormir

L	M	X	J	V	L	M	X	J	V	L	M	X	J	V
✓	✓	✓	✓	✓	✓	✓	✓	✓	✓	✓	✓	✓	✓	✓

Firme aquí: Pedro 28 de octubre

Firme aquí: Pedro 28 de octubre

de baloncesto en la parte inferior de su nuevo contrato para tener su propio sello oficial.

Gerardo también le dijo a Pedro que le gustaba ver cómo iba cumpliendo su contrato, así que su hermana le ayudó a crear un "registro de tareas", es decir, una forma fácil de seguir su progreso. Gerardo le dijo a Pedro que había acordado limpiar su habitación todos los días de lunes a viernes, así que, después de hacerlo, lo marcaba cada día en su contrato.

Pedro decidió crear su propio registro de tareas. Tenía que estudiar solo de lunes a viernes, así que anotó solo esos días en una fila y puso una fila en blanco debajo de ella. Cada día que hiciera lo que había prometido hacer en el contrato, pondría una marca de verificación debajo de ese día

Ahora Pedro sabía exactamente lo que tenía que hacer cada noche de la semana (resolver diez problemas y pedir ayuda a sus padres si la necesitaba) y, en cuanto los terminaba, podía jugar a los videojuegos. Ahora la cosa iba mejor, antes pasaba mucho tiempo mirando el reloj esperando que se acabara la media hora.

Pedro trabajó mucho en los problemas. Cada día sentía que entendía mejor las fracciones.

Cuando Pedro recibió su boletín de notas tres semanas después, su calificación en matemáticas había subido. Su profesora añadió un comentario sobre lo impresionada que estaba de que se hubiera esforzado tanto por entender las fracciones. De hecho, dijo que pensaba enseñar a todos los niños de su clase cómo podían hacer sus propios contratos.

Hablemos

- ¿Por qué no funcionó el primer contrato de Pedro?
- ¿Cómo arreglaron Pedro y sus padres el problema?
- ¿Cómo crees que se sintió Pedro cuando recibió sus notas después del último contrato?
- ¿Crees que podrías hacer un contrato contigo mismo?

A S
1 2
I O T

4

El terror de las mascotas

Maya, una niña de cuatro años con diagnóstico de autismo. Tiene por costumbre jugar de manera un poco agresiva con las mascotas de la familia. Gerardo le cuenta a Martina, la hermana de Maya, acerca de su contrato con su padre para limpiar su habitación, y Pedro le cuenta de su autocontrato para mejorar en matemáticas. Martina se pregunta si un contrato podría ayudar a la pequeña Maya.

Maya apiló un montón de sus bloques de construcción y se subió a ellos para alcanzar la pecera en el salón de su casa. Empezó a tirar bloques en la pecera porque le gustaba ver a los peces nadar rápido al esquivarlos.

Maya se disponía a arrojar otro bloque en la pecera cuando su madre, Camila, entró en la habitación.

"¡Deja eso, Maya!"

La niña se dio la vuelta y dejó caer el bloque al suelo. Su hermana mayor, Martina, oyó el ruido desde la cocina y vino a ayudarla. Martina levantó a su hermana de la pila de bloques.

"Pobres peces", dijo Martina mientras sacaba algunos bloques de la pecera.

Martina volvió entonces a la cocina a por las palomitas que había estado preparando. Sacó la bolsa de palomitas del microondas, la puso en un bol para que se enfriaran y las llevó al salón.

Maya se dirigió a las palomitas mientras su padre, Roberto, desapilaba los bloques a los que se había subido Maya. Los puso en un estante que Maya no podía alcanzar.

"Me gustaría que pudiéramos hacer algo sobre la forma en que trata a las mascotas, especialmente a la perra", dijo Camila.

"Yo también", dijo Martina. "Maya, si no estás intentando hacer daño a los peces de colores, estás tirando de la cola de Luna o pellizcándole las orejas".

Maya los ignoró y siguió comiendo palomitas.

"Bueno, una solución a este problema es buscar un nuevo hogar para Luna y los peces", dijo Roberto. "¡Papá, no!", dijo Martina

"Roberto, no creo que sea una buena solución", dijo Camila. "Martina quiere a Luna, y es importante que Maya aprenda a ser amable con los animales".

"Estoy de acuerdo, pero la regañamos constantemente por cómo trata a los animales, y no sirve de nada", dijo Roberto.

"¡Tengo una idea!", dijo Martina.

Todos dejaron de hablar y la miraron. Incluso Maya dejó de comer palomitas.

"Mis amigos Gerardo y Pedro me hablaron de algo llamado 'contrato de conducta' que sus familias utilizan para ayudar a resolver problemas", dijo Martina. "Un contrato describe una tarea que alguien debe hacer y una recompensa que recibirá por hacerla.

Vamos a firmar un contrato con Maya para que sea amable con Luna y los peces".

"¡Contato!", gritó Maya entre bocados de palomitas. "Maya solo tiene cuatro años y no lee", dijo Roberto. "No sabrá lo que dice el contrato".

"¿Un contrato tiene que estar escrito con palabras?", dijo Martina. "¿De qué otra manera lo harías?", preguntó Camila.

"Podemos usar imágenes", dijo Martina. "Recortaremos fotos y haremos dibujos para mostrar las cosas del contrato de Maya que queremos que haga.

Luego se lo explicaremos y lo pegaremos junto a la pecera para recordárselo. Y como los peces están cerca de la cama de Luna, espero que eso le recuerde que debe ser amable con Luna también".

"Es una buena idea, Martina", dijo Camila. "Vamos a intentarlo", dijo Roberto.

Camila tomó un montón de viejas revistas y dijo: "Deberíamos poder encontrar fotos en ellas".

Martina y sus padres empezaron a mirar las revistas, mientras Maya seguía comiendo palomitas. Al poco tiempo, encontraron una foto de una niña jugando felizmente con un perro.

"Esta es buena", dijo Martina.

Martina fue a su habitación y volvió con un papel, tijeras, cinta adhesiva y rotuladores. Trazó una línea en el centro de arriba a abajo, recortó la foto y la pegó en el lado izquierdo del papel.

"Vamos a añadir algunos peces felices", dijo Martina.

Hizo un dibujo de una niña mirando una pecera con dos peces de colores dentro.

"Tiene muy buena pinta", dijo su padre. "Esas fotos le recordarán a Maya que debe jugar bien con Luna y ver nadar a los peces en lugar de molestarlos. Esa será la parte de la tarea de su contrato".

"Ahora, ¿qué vamos a poner en el lado derecho del contrato para mostrar la recompensa de Maya por hacer su tarea?", preguntó Camila.

No se preguntaron por mucho tiempo. Maya se acercó a las revistas. Tomó una y se la entregó a su hermana.

"Libro", dijo ella.

Todos se rieron al caer en la cuenta de cuál iba a ser la recompensa. Una de las cosas favoritas de Maya era que le leyeran.

Camila colocó tres de los libros favoritos de su hija en la mesa de centro, les hizo una foto con su teléfono y la imprimió.

Martina pegó la foto de los libros en la parte derecha del papel.

"Hay una cosa más que necesitamos", dijo Martina mientras

CONTRATO

TAREA

Mamá Papá

Martina

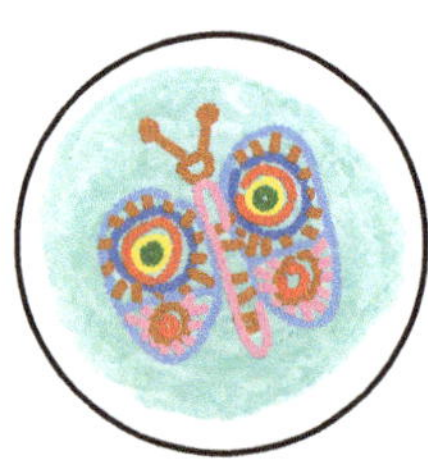

empezaba a esbozar un dibujo de su animal favorito. "Gerardo y Pedro me dijeron que crear el sello oficial de la familia y ponerlo en un contrato demuestra que el contrato es importante. Voy a dibujar una mariposa. A Maya le encantan".

Martina dibujó una mariposa con un fondo azul para el cielo. "Aquí tienes tu contrato, Maya", dijo, extendiendo el papel.

Su hermana pequeña tomó el papel y sonrió. Entonces Camila le agarró la mano, le señaló los dibujos y le explicó lo que significaba cada uno.

"¿Ves cómo la niña está jugando amablemente con el perro?", dijo. "Ven aquí, Luna" "¿Ves, Maya, cómo acaricio a Luna suavemente? No la golpeo. Y no le toco las orejas ni la cola. Pruébalo tú ahora". Maya acarició el lomo de Luna como lo había hecho su madre.

Entonces Martina señaló el dibujo de la niña con los dos peces sonrientes. Acompañó a Maya hasta la pecera y habló con su hermana para que viera nadar a los peces. Le tomó las manos con delicadeza y le dijo: "Recuerda, Maya, solo mira; ni manos ni juguetes en el agua".

Maya se emocionó mucho cuando su padre señaló la foto de los libros. Roberto le explicó que iban a leerle un cuento extra antes de irse a la cama. Para obtener la recompensa, tenía que tratar bien a las mascotas de la casa desde que llegaba a casa del jardín de infancia hasta por la tarde cuando tenía que acostarse.

"De acuerdo, papá", dijo Maya.

Para asegurarse de que Maya entendía realmente lo que se esperaba de ella, Martina le demostró de nuevo cada una de las tareas y luego las practicó con su hermana pequeña.

Martina y sus padres firmaron la parte inferior del contrato.

Martina le dio un rotulador a su hermana pequeña y le pidió que coloreara en el fondo. Maya hizo garabatos en el papel.

"Ya está, Maya, ahora tienes el primer contrato oficial de nuestra familia", dijo Martina, cogiendo el marcador y chocando los cinco con Maya. "¡Contato! Contato!", dijo Maya, y dio un salto de alegría.

Entonces Martina llamó la atención de Maya para que viera que estaba pegando el contrato en la pecera para recordarle que debía ser amable con las mascotas.

• • • • •

La tarde siguiente, cuando Maya llegó a casa del jardín de infancia, se dirigió directamente a la pecera. Su madre contuvo la respiración cuando Maya alargó la mano para coger un pez, pero su hija pequeña se limitó a señalar el papel que colgaba y dijo: "¡Contato!".

Maya jugó con sus bloques de construcción hasta que la cena estuvo lista, y no volvió a acercarse a los peces. Camila suspiró aliviada. La niña parecía recordar el contrato y entender lo que significaban las imágenes.

Después de la cena, Maya se sentó cerca de la pecera y se quedó mirando a los brillantes peces que daban vueltas en el agua. Tenía las manos en el regazo. Miró para ver qué haría su familia al estar sentada tan cerca de los peces.

Todos parecían ignorarla, así que Maya se acercó a la pecera. Pero nadie le prestó atención como ocurría habitualmente. Maya se puso de pie y se acercó a los peces. Seguía sin pasar nada.

Apiló algunos libros para poder estar a la altura de la pecera, tan cerca que su nariz casi tocaba el cristal. Todo el mundo actuó como si no estuvieran allí. Esperó un poco más. Entonces, metió una de sus manos en el agua.

"¡¡Maya, no!!", dijeron todos y se apresuraron a alejarla de la pecera.

"Sabía que era demasiado bueno para ser verdad", dijo Camila. "Justo cuando pensaba que este podría funcionar de verdad".

"Yo también", dijo Roberto. "Maya es demasiado joven para entender un contrato".

"No, espera", dijo Martina. "Creo que Maya sí entiende su contrato. Somos los demás los que no lo hacemos".

"¿Qué quieres decir?", preguntó Roberto.

"Bueno, un contrato dice que si haces algo, entonces sucederá algo bueno. Obtendrás una recompensa. Eso hace que quieras volver a hacer esa tarea. ¿Verdad?"

Sus padres asintieron.

"Bien, Maya hizo lo que debía hacer. Jugó bien y no molestó a los peces ni hizo daño a Luna durante dos horas, pero no pasó nada bueno. Simplemente la ignoramos".

"Pero se suponía que no iba a pasar nada", dijo Roberto. "El contrato de Maya decía que no podía molestar a las mascotas en toda la tarde y, si lo hacía, entonces le leeríamos un cuento".

"A eso me refiero", dijo Martina. "Hicimos un contrato que pedía demasiado a una niña pequeña como Maya".

"Creo que entiendo lo que intentas decirnos", dijo Camila. "Toda la tarde debe parecerle un año a Maya. Estaba estaba portándose bien, pero todos la ignoramos".

"Y la única forma en que podía llamar nuestra atención era metiendo la mano en el agua", dijo Martina. "Creo que nuestro contrato con Maya funcionará si recibe una recompensa por portarse

bien períodos de tiempo cortos".

"Pero no podemos leerle un cuento cada cinco o diez minutos", dijo Roberto.

Martina estuvo de acuerdo. "Cambiemos el contrato de Maya para que reciba un cuento antes de la cena y otro antes de irse a la cama. Entonces tiene que ser buena con Luna y los peces durante menos tiempo antes de recibir una recompensa".

"Pero incluso una hora podría ser demasiado tiempo para Maya", dijo su madre.

"Lo sé. Pero podemos prestarle atención cuando la vemos intentarlo", dijo Martina. "Se acercaba cada vez más a la pecera y nos observaba todo el tiempo. Pero no dijimos nada. Finalmente, no pudo aguantar más".

"Puede que tengas razón", aceptó Roberto. "Si lo hace para llamar nuestra atención, puede que también se porte bien si al hacerlo recibe atención. Vale la pena intentarlo".

"De acuerdo", dijo Martina. "A partir de ahora, cuando cualquiera de nosotros vea que Maya juega y no molesta a los peces, le diremos lo orgullosos que estamos de ella por tratar bien a los animales.

Y eso va para cuando está jugando bien con Luna, también".

"Si participamos todos a una en esto, creo que podemos hacerlo", dijo Camila.

La tarde siguiente, Maya cumplió su contrato. Y así fue casi todas las tardes siguientes.

Hablemos

- ¿Qué hacía Maya para molestar a los animales?
- ¿Qué podía hacer para tratarlos mejor?
- Dado que Maya no sabía leer, ¿cómo se las arregló su familia para hacer un contrato que ella pudiera entender?
- ¿Cómo crees que se sintió Martina al sugerir un contrato de imágenes para su hermana pequeña?

5

Lina echa una mano

Eva y Manolo estaban descontentos porque sus hijos no hacían sus tareas. Gerardo hizo un contrato con su padre para limpiar su habitación. Ahora, la hermana de Gerardo, Lina, hará un contrato con su madre para empezar a preparar la cena al volver de clases de inglés.

Cuando Eva entró por la puerta principal, escuchó a su hija, Lina, hablando por teléfono. Lina tenía que preparar la cena antes de que su madre llegara a casa, pero Eva no notaba que se estuviese preparando nada en la cocina.

Lina se despidió rápidamente cuando vio a su madre.

"Lina, sabes que necesito tu ayuda".

"Siento no haber empezado la cena, mamá", dijo Lina. "Perdí la noción del tiempo".

"Eso pasa mucho", dijo Eva. "Algo tiene que cambiar, y tengo una idea. A Gerardo le ha ido muy bien con su contrato de limpieza de habitaciones. Tal vez un contrato te ayudaría a ti también".

Lina sonrió y dijo: "¡Tienes razón! Iré a escribir uno, como el de Gerardo".

Se apresuró a ir a su habitación. Diez minutos después, Lina le entregó a su madre un formulario de contrato. Había rellenado la tarea y Gerardo había dibujado el sello oficial de su familia (una imagen de su casa) en la parte inferior.

Después de que Eva lo leyera, Lina preguntó: "¿Qué te parece? ¿Lo firmamos y lo hacemos oficial?".

"Bueno, Lina, has hecho bien en ser específica con la tarea (comenzar a preparar la cena a las 20:00 de lunes a viernes, siguiendo las instrucciones que papá o yo te dejamos), pero el lado de la recompensa está vacío".

"No me importa empezar a cenar, mamá", dijo Lina. "No lleva tanto tiempo y me gusta cocinar. Además, sé que estás cansada después del trabajo, y ayudar me hace sentir bien. No necesito una recompensa".

"Eso es muy enternecedor, pero Gerardo está recibiendo un tiempo especial con papá por limpiar su habitación. Tú también deberías tener una recompensa. Sé que te gustan los proyectos de manualidades y que querías comprar un nuevo escritorio para tu habitación. ¿Qué te parece? A partir de mañana, si haces lo que dice el contrato durante tres semanas sin faltar más de un día, iremos al mercadillo de segunda mano a fin de mes y compraremos un escritorio para que lo arregles".

CONTRATO

TAREA	RECOMPENSA
* Quién: Lina	* Quién: Mamá
* Qué: Ayudar a preparar la cena con las instrucciones de papá y mamá	* Qué: Ir a un mercadillo a comprar un escritorio de segunda mano.
* Cuándo: De lunes a viernes, empezando a las 20:00	* Cuándo: A final de mes
* Cómo de bien: De lunes a viernes durante tres semanas. Puedo saltarme un día	* Cuánto: Un escritorio de un precio razonable

L	M	X	J	V	L	M	X	J	V	L	M	X	J	V
✓	✓	✓	✓											

Firme aquí: Lina — 10 de septiembre

Firme aquí: Mamá — 10 de septiembre

"¡Eso sería increíble!", dijo Lina.

Eva rellenó la parte del contrato referida a la recompensa. Lina y su madre lo firmaron. Luego lo pusieron en la puerta de la nevera, donde sus padres habían dejado las instrucciones de la cena, a fin de recordarles lo que ambos habían estado de acuerdo en hacer.

Lina llegó a casa a las 19:00 horas del día siguiente. Cuando la alarma que había puesto en su teléfono sonó una hora después, se dirigió a la cocina. A las 20:00 horas, ya tenía el pollo y las patatas en el horno. Estaba cortando tomates y pepinos para una ensalada cuando su madre llegó a casa.

"¡Lina, qué bien! Parece que la cena está casi lista".

"Gracias, mamá. ¿Cómo ha ido tu día?"

"Bien, gracias. Ahora, ¿por qué no te pones a hacer los deberes? Yo terminaré de hacer la ensalada y pondré la mesa. Os avisaré cuando la cena esté lista".

Después de la cena, Lina buscó en Internet instrucciones para renovar un escritorio de segunda mano. Encontró un montón de buenas ideas y se entusiasmó con la idea de cocinar la cena de las próximas semanas para poder empezar con su propio proyecto de reparar el escritorio.

Hablemos

- ¿Qué tareas tienes que hacer?
- ¿A veces te olvidas de hacer tus tareas?
- ¿Ayudaría un contrato a acordarte hacer tus tareas?
- ¿Dónde colgarías un contrato para no olvidarte?

6

Por mí mismo

Tino, un estudiante de 10 años con diagnóstico de autismo, está en la misma clase que Gerardo, Pedro y Martina. A Tino le cuesta prepararse para el colegio, lo que hace que las mañanas sean agitadas y estresantes para él y su madre. ¿Ayudará un contrato a que sus días empiecen mejor?

Cristina, una analista de conducta que ayuda a niños y a sus familias a mejorar su conducta, estaba visitando a Tino en su casa para ver cómo iba. Mientras Cristina y la madre de Tino, Tania, hablaban, Tino se afanaba en construir una torre con bloques de Lego.

"Cristina, Tino va muy bien con sus tareas escolares", dijo Tania, "pero estamos teniendo problemas por la mañana para que se prepare para tomar el autobús escolar a tiempo. Hemos repasado lo que debe hacer para prepararse solo, pero no funciona. Entonces intervengo para meterle prisa, las cosas se ponen desagradables y, al final, empezamos el día con mal pie. ¿Alguna idea?"

"Hay varias cosas que podemos probar", dijo Cristina. "Una es utilizar algo llamado 'contrato de conducta' para ayudar a Tino a prepararse por la mañana".

"Es curioso menciones un contrato", dijo Tania. "Mi amiga Camila me dijo que está usando uno con su hija, que también tiene diagnóstico de autismo. El contrato le ayuda a tratar bien a sus animales. El contrato es de imágenes, porque Maya es muy chica para leer. No creo que Tino necesite usar imágenes, ya que lee bastante bien".

Cristina sacó una carpeta de archivos de su bolso.

"No siempre el mismo contrato funciona para cada familia, por eso llevo conmigo ejemplos de diferentes tipos de contrato".

Cristina le explica a Tania que todos los contratos tienen dos partes principales: una tarea y una recompensa. El primer paso para hacer un contrato es seleccionar la tarea.

"Entonces, ¿qué te gustaría que Tino hiciera por sí mismo para prepararse para la escuela?", preguntó Cristina.

"Me gustaría que se vistiera, que hiciera la cama, que desayunara y pusiera los platos sucios en el fregadero, que se lavara la cara y se cepillara los dientes, que comprobara que los deberes están en la mochila y que estuviera en la puerta esperando el autobús a las siete y cuarenta y cinco. Sé que eso es mucho. No espero que lo haga todo de inmediato".

"Bueno, ¿qué tal si empezamos con estos cuatro pasos?", dijo Cristina. Los anotó en el contrato.

TAREA: PREPARARSE PARA IR A LA ESCUELA

- Vestirse (prepara la ropa y los zapatos la noche anterior).
- Desayunar y poner los platos sucios en el fregadero.
- Lavarse la cara y cepillarse los dientes.
- Estar en la puerta de entrada con la mochila (prepararla la noche anterior) a las 7:45 de la mañana.

"Aunque Tino sabe leer", dice, "podemos hacer que su contrato sea más personal utilizando palabras y fotos de Tino haciendo cada paso, para que pueda ver rápidamente lo que debe hacer a continuación".

"Perfecto", dijo Tania. "Pero, ¿qué hay de la recompensa?" "Casi siempre que vengo, Tino está construyendo con piezas de Lego", dijo Cristina. "Tal vez Tino podría ganar nuevas piezas por hacer la tarea de su contrato. ¿Crees que eso funcionaría como recompensa?" "Sí", dijo Tania. "Tino no para de hablar de diez personajes de Lego que quiere. Son baratos y probablemente se los hubiera tenido que comprar de todos modos. Hablemos con Tino y veamos qué piensa de nuestra idea de hacer un contrato".

Cristina y Tania le explicaron a Tino cómo un contrato podría ayudarle a prepararse por la mañana. Le gustó la idea y, con la ayuda de su madre y de Cristina, rellenó el contrato antes de que Cristina se fuera.

El día siguiente era sábado, así que Tania y Tino tuvieron tiempo de sobra para hacer e imprimir fotos de Tino haciendo cada uno de los cuatro pasos para "prepararse para ir al cole". Pegaron las cuatro fotos en el contrato.

A continuación, Tania pegó velcro a cuatro bloques de Lego y una tira de velcro junto a cada foto. Cuando Tino terminaba cada paso de la tarea, colocaba un bloque al lado. Esto le ayudaría a estar al tanto de lo que le faltaba para estar listo para salir.

Tania también había impreso un pequeño dibujo de piezas de Lego. Le dijo a Tino que lo había hecho para crear el sello oficial de su familia y que el sello demostraba que el contrato era importante.

Para crear un registro de tareas que permitiera seguir el progreso de Tino, también dibujaron una fila de casillas en el contrato para representar los días. Tania le mostró a Tino un rollo de pegatinas de Lego. Cada mañana que Tino hiciera lo que decía el contrato, podría poner una de las pegatinas en ese día de la semana. Después de clase

CONTRATO

TAREA

* Quién: Tino
* Qué: Prepararse para la escuela antes de las 7:45 de la mañana
* Cuándo: Cada día de colegio
* Cómo de bien:

Hacerlo cada día. Si lo hago toda la semana: ¡recompensa extra!

RECOMPENSA

* Quién: Mamá
* Qué: Figuras de lego
* Cuándo:

Después de la escuela. Las bonificaciones se dan los viernes

* Cuánto:

Una figura por día, una extra si lo hago todo bien durante la semana

¡RECOMPENSA EXTRA!

L	M	X	J	V	L	M	X	J	V	L	M	X	J	V

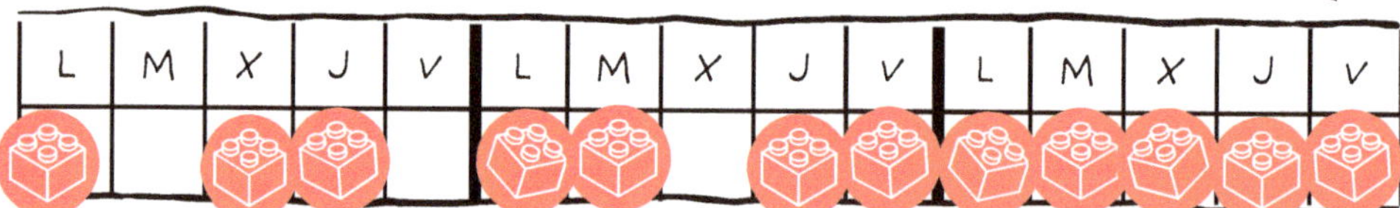

Firme aquí: Tino 6 de noviembre

Firme aquí: Mamá 6 de noviembre

de ese mismo día, le daría un nuevo personaje de Lego. Tino también tenía la oportunidad de ganar una recompensa extra. Si realizaba las tareas los cinco días de clase de la semana, recibía un personaje de Lego adicional.

Finalmente, ambos firmaron el contrato.

Después de unas semanas con el contrato, Tino lo estaba haciendo bien. Tardó una o dos semanas en cogerle el tranquillo, pero él y su madre no se rindieron. Una vez que empezó a prepararse por las mañanas, Tino se sintió orgulloso. Le gustaba mucho ganarse un personaje extra por cumplir su contrato los cinco días de la semana. También le gustaba que su madre estuviera orgullosa de él. Tino incluso empezó a hacer su cama por la mañana cuando tenía tiempo, y lo hacía a menudo ahora que arreglarse era mucho más fácil.

Hablemos

- ¿Cómo son las mañanas en tu casa?
- ¿Cómo eran las mañanas para Tino y su madre antes del contrato?
- ¿Crees que las fotos del contrato de Tino le ayudaron?
- ¿Cómo se sintió Tino cuando logró prepararse a tiempo para ir al colegio?

7

Hermanos unidos

Los contratos han sido un éxito para Gerardo, que limpia su habitación sin necesidad de que se lo digan, y para Lina, que prepara la cena para la familia. Ahora, los hermanos deciden hacer un contrato entre ellos.

Al entrar en la casa después del colegio, Gerardo oyó que sonaba música y que su hermana cantaba. Lina se detuvo y levantó la vista cuando su hermano entró en la cocina.

"¿Qué hay para cenar?", preguntó Gerardo.

"Espaguetis, judías verdes y una ensalada", dijo Lina.

La tarea de Lina era ayudar a preparar la cena, y se había esforzado por realizar esta tarea justo después de las clases.

"Me encantan los espaguetis. ¿Puedo ayudarte a preparar la cena para aprender a hacerlos? Quizá también puedas enseñarme a cocinar otras cosas".

"Gracias, pero tardaría mucho más si tuviera que mostrarte cómo hacer todo. Quiero cenar lo más rápido posible para poder trabajar en un gran proyecto de mi habitación".

"Ya no pasas tiempo conmigo", dijo Gerardo. "¿Y qué gran proyecto es ese del que estás hablando?"

"Gracias a mi contrato con mamá, conseguí un escritorio en el mercadillo. Ahora estoy empezando a reacondicionarlo. Tengo que lijarlo antes de pintarlo, y el lijado lleva mucho tiempo".

"Vale, lo entiendo", dijo Gerardo. "Oye, tengo una idea".

"Por tu mirada, puedo decir que estás tramando algo, hermanito".

"Bueno, los niños pueden tener contratos entre ellos, ¿no? ¿Por qué no preparar uno?

"Tenía la sensación de que estabas pensando en algo así", dijo Lina. "Bueno, ¿por qué no? ¿Qué tal si te doy una lección de cocina mientras hago la cena y luego me ayudas a lijar o pintar mi escritorio esa noche durante media hora? Sería un intercambio justo, ¿no?".

"¿Podrías explicarme todos los pasos de la receta y dejar que intente hacerlo todo?"

"Claro, pero este contrato sería solo por unas semanas hasta que tengamos mi escritorio terminado. De todos modos, para entonces sabrás lo suficiente como para cocinar por tu cuenta".

"Entonces es un trato", dijo Gerardo. "Ahora tengo que limpiar mi habitación. Después de la cena, vamos a resolver los detalles y hacer nuestro propio contrato".

CONTRATO

TAREA	RECOMPENSA
* Quién: Lina	* Quién: Gerardo
* Qué: Lecciones de cocina de Gerardo	* Qué: Ayudar a Lina a reparar su escritorio
* Cuándo: Lina comienza a preparar la cena (si quiere o puede)	* Cuándo: Después de cenar cada vez que Gerardo cocine con Lina
* Cómo de bien: Lina explicará la receta y dejará que Gerardo participe.	* Cuánto: Gerardo ayudará a Lina a lijar o pintar su escritorio durante 30 minutos.

L	M	X	J	V	V	M	X	J	V	L	M	X	J	V
✓	✓	✓												

Firme aquí: Lina 13 nov.

Firme aquí: Gerardo 13 nov.

Nota. Este contrato funcionará 3 semanas.

Durante las siguientes semanas, Lina enseñó a Gerardo a preparar algunos de sus platos favoritos, como espaguetis, pollo asado y macarrones con queso. Estaba tan entusiasmado con la cocina que decidió hacer una comida completa para la familia el fin de semana.

El escritorio de Lina, una vez acabaron con la renovación, también había quedado muy bien. A continuación, pensó en elegir algunas telas y pedir a su madre que le enseñara a coser nuevas cortinas para su habitación.

Gerardo y Lina estaban contentos con los resultados de su contrato. Gerardo aprendió a cocinar y Lina terminó su escritorio más rápido. También se llevaban mejor después de pasar más tiempo juntos. Eso fue una ventaja adicional.

Hablemos

- ¿Cómo benefició el contrato tanto a Lina como a Gerardo?
- ¿Te gustaría hacer un contrato con tu hermana o hermano, si tienes uno?
- Si quisieras hacer un contrato con un hermano, ¿cuál sería la tarea y la recompensa?
- ¿Quieres que tus padres te ayuden a hacer un contrato? Si es así, ¿cómo podrían ayudar?

Mamá y papá, ¡ahora os toca!

Gerardo y Lina hacen sus tareas del contrato y la familia se lleva mucho mejor. Pero sus padres no paran de recordarles que hagan sus tareas, lo que hace que Gerardo y Lina se sientan regañados. Los chicos proponen un contrato para sus padres. ¡Esto promete ser interesante!

Eva llegó a casa y encontró a su hijo tirado en la hamaca del jardín.

"Hola, Gerardo. ¿Cómo estuvo la escuela hoy?"

"Bien".

"No te olvides de limpiar tu habitación".

"Mamá, sabes que lo haré. Apenas he faltado un día en el último mes. ¿Por qué tienes que seguir molestándome con eso?"

"Lo siento. Supongo que es la costumbre".

Quince minutos más tarde, el padre de Gerardo llamó desde su dormitorio: "Lina, ¿estás preparando la cena? Sabes que no puedo llegar tarde al trabajo".

"Sí, papá", dijo Lina. "Estoy trabajando en ello ahora mismo".

Desde que la familia había empezado a utilizar los contratos, hablaban una vez a la semana después de la cena sobre cómo iban las cosas y sus planes para la semana.

En la reunión de esa noche, Eva habló primero.

"Hace un mes, nunca habría pensado que las cosas irían tan bien. Gerardo, tu habitación está casi siempre ordenada, y has estado mucho más tranquilo por la tarde, cuando tu padre duerme".

Manolo sonrió y le guiñó un ojo a su hijo.

"Lina, es tan agradable llegar a casa y tener la cena casi lista", dijo Eva. "Lo mejor de todo es que todos nos llevamos mucho mejor".

Lina tomó la palabra. "Tal vez nuestro problema era que todos nos quejábamos de los demás, en lugar de tratar de averiguar qué estaba mal y cómo solucionarlo".

"Me parece bien", dijo su padre mientras Eva asentía con la cabeza.

"Sin embargo, algo nos molesta a Gerardo y a mí", dijo Lina.

"¿Qué?", preguntó Manolo.

Papá, en cuanto te levantas, me preguntas si tengo la cena preparada". Gerardo añadió: "Mamá, en cuanto llegas a casa del trabajo, me preguntas si he limpiado mi habitación. Queremos que dejéis de regañarnos tanto. Acabas de decir que sabes que estamos haciendo lo que debemos".

"Lo siento", dijo Manolo. "Nos hemos acostumbrado a regañar".

"Bueno, Gerardo y yo tenemos una idea", dijo Lina. "Queremos que ustedes dos firmen un contrato".

"¿Queréis hacer un contrato con nosotros?", preguntó Manolo.

"Sí. Si quieres ser justo, debéis estar dispuestos a hacer algunos cambios vosotros también", dijo Lina.

"Manolo, tienen razón", dijo Eva. "Quizá es que estamos acostumbrados a darles la lata por cómo se comportaban antes".

“Entonces, ¿está bien si Gerardo y yo redactamos un contrato para vosotros?”, preguntó Lina. “Podemos intentarlo”, dijo Eva.

“Traeré un contrato en blanco de mi habitación”.

Cuando Lina volvió con el formulario, dijo: “Mi profesora dijo que una tarea debe describir lo que harás, no lo que no debes hacer. Queremos que no nos regañéis. ¿Qué podéis hacer en vez de ello?”.

"¿Qué tal si no preguntamos cuándo haréis vuestras tareas?", dijo Eva. "Pero cuando hayáis terminado, podemos dar las gracias".

"Me parece bien", dijo Lina. "Pondremos una marca cada día que no regañéis y solo nos deis las gracias cuando hayamos terminado".

"Si podéis pasar 5 días a la semana seguidos sin recordarnos que hagamos nuestras tareas, ganaréis una recompensa", dijo Gerardo. "Pero si nos lo recordáis, empezamos de nuevo a contar los 5 días".

"¿Cuál es nuestra recompensa?", preguntó Manolo.

"Gerardo y yo haremos una cena especial el siguiente fin de semana y limpiaremos los platos", dijo Lina.

"A mí me parece bien", dijo Manolo. "Hagámoslo", dijo Eva.

La familia rellenó el resto del contrato, Gerardo dibujó el sello oficial de la familia y todos lo firmaron.

"Pondré el contrato en la nevera para que todos podamos ver cómo va", dijo Gerardo.

• • • • •

Dos semanas después, Gerardo y Lina estaban pelando y cortando verduras para una cena especial de fin de semana para sus padres. La primera semana, sus padres se habían despistado un par de veces y les habían recordado que hicieran sus tareas. Ahora, habían pasado cinco días de la semana sin que sus padres les preguntaran cuándo iban a hacer sus tareas.

CONTRATO

TAREA

* Quién: Papá y mamá

* Qué: Dar las gracias a Lina y Gerardo por hacer sus tareas del contrato en lugar de regañarles

* Cuándo: Cada día

* Cómo de bien:

No insistirnos en que hagamos nuestras cosas durante 5 días

RECOMPENSA

* Quién: Lina y Gerardo

* Qué: Cena especial para papá y mamá

* Cuándo: Durante el fin de semana

* Cuánto:

Lina y Gerardo prepararán el plato preferido de papá y mamá y limpiarán los platos

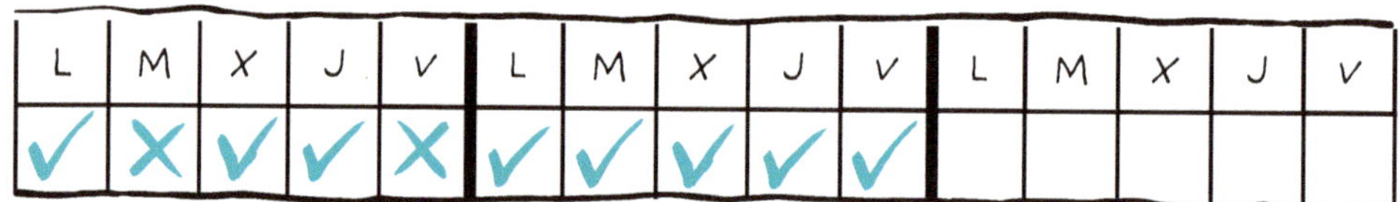

L	M	X	J	V	L	M	X	J	V	L	M	X	J	V
✓	✗	✓	✓	✗	✓	✓	✓	✓	✓					

Firme aquí: Lina Gerardo 22 de noviembre

Firme aquí: Papá Mamá 22 de noviembre

Cuando su madre volvía a casa del trabajo, decía algo positivo sobre la cena que Lina estaba preparando, y su padre se encargaba de admirar la habitación limpia de Gerardo con regularidad.

Todos estuvieron de acuerdo en que hacer contratos realmente ayudaba a la familia a llevarse mejor. Y se divirtieron haciéndolos.

Hablemos

- ¿En qué se diferencia este contrato de los de las otras historias?
- El objetivo de los niños era evitar que sus padres les regañaran por no hacer sus tareas. ¿Cómo hicieron para sus padres adoptasen una actitud más positiva?
- Si pudieras hacer un contrato con tus padres, ¿cuál sería la tarea?, ¿y la recompensa?

9

Hacer amigos

Tino está triste porque siente que no tiene amigos. La madre de Tino, Tania; su maestra, Inés; y Cristina, una analista de conducta que ayuda a Tino a aprender nuevas habilidades, quieren ayudarle a hacer amigos. Veremos si funciona un contrato que premia a Tino por hablar con otros niños.

Tania y Cristina esperaron en el aula de la Srta. Inés hasta que todos sus estudiantes se habían subido al bus escolar de regreso a sus casas. Cuando la maestra regresó, se unió a Tania y Cristina en una mesa al fondo de la clase.

"Gracias por reunirse con nosotros, Srta. Inés", dijo Tania.

"Por favor, llámeme Inés", dijo la maestra de Tino. "Permítame comenzar diciendo que a Tino le ha ido muy bien con sus tareas escolares".

"Me alegra que diga eso", dijo Tania. "El problema es que Tino llega a casa disgustado porque dice que no tiene amigos en el colegio".

"Entiendo que Tino se sienta excluido", dice Inés. "La mayoría de mis estudiantes se conocen desde el jardín de infancia. Como Tino es nuevo este año, los otros niños no saben mucho de él. Cuando hago que la clase trabaje en pequeños grupos, Tino tiende a quedarse atrás. ¿Tienes ideas sobre cómo ayudarle a hacer amigos?"

"Cristina y yo hicimos este contrato para ayudar a Tino a prepararse para la escuela por sí mismo", dijo Tania, entregando el contrato a Inés. "A Tino le va muy bien desde hace varias semanas. De hecho, estamos a punto de terminar el contrato porque Tino dice que puede prepararse solo y que ya no lo necesita. Tal vez podríamos elaborar un contrato para ayudar a Tino a hacer amigos".

Inés miró el contrato. "He hecho contratos con estudiantes para tareas como hacer sus deberes. Hace poco, uno de mis estudiantes que quería mejorar en matemáticas hizo su propio contrato. Estoy segura de que podríamos hacer un contrato que ayudase a Tino a hacer amigos".

"Deberíamos empezar de forma sencilla", dijo Cristina. "Hacer amigos puede ser difícil. Un contrato que recompense a Tino por hablar con un compañero podría ser un buen primer paso".

"Me gusta esa idea", dijo Tania.

"Yo también", aceptó Inés. "Llamemos a la tarea: 'Hablar con otro estudiante'".

Las tres comentaron lo que Tino tendría que hacer para realizar la actividad de hablar con compañeros de clase. Inés anotó sus ideas.

- Comprueba que el estudiante con el que quieres hablar no esté ocupado o hablando con otra persona.
- Di "hola" y saluda a la persona por su nombre.
- Haz una pregunta sobre algo que le pueda gustar a la otra persona: "¿Juegas al baloncesto?" o "¿Has ido al parque nuevo del barrio?".
- Escucha la respuesta y no interrumpas.
- Responde a la respuesta del estudiante con educación: "Qué interesante" o "Qué bien". O haz otra pregunta: "¿Cuál es tu equipo de baloncesto favorito?" o "¿Has probado el nuevo rocódromo del parque?".
- Cuéntales algo sobre ti: "Jugué al baloncesto durante el verano" o "El nuevo rocódromo es muy difícil".

"Vaya. Eso parece mucho para cualquiera, y Tino es tímido", dijo Tania.

"Para hacerlo más fácil, podemos escribir pasos más sencillos que Tino pueda practicar con usted en casa", dijo Cristina. "Cuando se sienta cómodo, puede intentar hablar con los niños en la escuela".

Inés escribió estos pasos para Tino:

CÓMO HABLAR CON UN COMPAÑERO

- Saludar al estudiante por su nombre y decir "hola".
- Hacer una pregunta.
- Escuchar la respuesta sin interrumpir.
- Responder a la respuesta del estudiante o preguntar otra cosa.
- Decir algo sobre uno mismo.

"Con tu permiso, Tania, hablaré con algunos estudiantes que son muy amables", dijo Inés. "Les diré que Tino quiere hacer amigos y les pediré que hablen con él, para que pueda practicar".

"Eso sería genial", dijo Tania. "Gracias".

"Sentaré a Tino con estos mismos estudiantes durante la clase, para que se conozcan mejor", añade la maestra. "Para empezar, sugiero que el contrato de Tino diga que debe hablar con otro estudiante una o dos veces al día. Puede hacerlo durante el almuerzo o el recreo. También puede hacerlo en el aula, durante el tiempo libre o durante actividades que se hagan en grupo."

"¿Podrías hacerme ir diciéndome cómo va?", preguntó Tania.

"Antes de que se dirija al autobús de vuelta a casa, Tino puede contarme lo que pasó ese día", dijo Inés. "Elogiaré todos los esfuerzos, incluso si él cree que no han ido bien. Enviaré una nota a casa cada día diciendo si habló con los niños y cómo le fue".

"¿Pero qué hay de la recompensa?", preguntó Cristina. "Un contrato necesita una recompensa".

"Hablaré con Tino esta noche sobre nuestra idea", dijo Tania. "Si quiere probarlo, le preguntaré qué le gustaría como recompensa, y luego terminaremos el formulario del contrato juntos". "Me parece genial", dijo Inés.

Las tres mujeres se despidieron y, Tania y Cristina se dirigieron a casa.

• • • • •

Esa noche, Tania le mostró a su hijo el contrato y la lista y le explicó que el primer paso para hacer amigos era hablar con otros niños. Tino estaba orgulloso de lo bien que le había ido el contrato para prepararse para el colegio y le gustó la idea de hacer un contrato para la tarea de "hablar con otro estudiante". Sentía que era una tarea que podía hacer y que practicando le resultaría más fácil.

Para la recompensa, Tino y su madre decidieron que cada día que realizara la tarea, podría elegir una de las tres cosas siguientes: ver un vídeo científico favorito, plantar un plantón para el jardín o tomar un bocadillo especial después de clase. También pondría una marca de verificación en un registro de tareas con una lista de días escolares para mostrar su progreso.

CONTRATO

TAREA	RECOMPENSA
* Quién: Tino	* Quién: Mamá
* Qué: Hablar con otro estudiante	* Qué: Elecciones de Tino: • Ver un video favorito de ciencia y tecnología • Sembrar una planta en el jardín • Tomar una golosina después del colegio
* Cuándo: Cada día en el colegio durante el recreo u otro tiempo libre	* Cuándo: Después del colegio
* Cómo de bien: • Practicar 3-5 minutos con otros estudiantes seleccionados por la maestra • Iniciar una conversación con un compañero. • Contarle a la Srta. Inés qué tal fue. • Llevar la carta de la Srta. Inés a casa y contarle a mamá cómo fueron las conversaciones	* Cuánto: Recompensar cada vez que hable con otro estudiante

L	M	X	J	V	L	M	X	J	V	L	M	X	J	V
✓	✓	✓	✗	✓	✗	✓	✓	✓	✓					

Firme aquí: Tino 14 de febrero

Firme aquí: Mamá Srta. Inés 14 de febrero

Tras rellenar el nuevo contrato, Tino y su madre lo firmaron.

Luego añadieron una imagen de personajes de Lego (la misma que habían utilizado para el contrato de "Prepárate para la escuela" de Tino) como sello oficial de su familia.

Al día siguiente, Tino le dijo a su maestra que quería probar el contrato. La Srta. Inés le dio la lista de pasos que había escrito para hablar con otro estudiante. Le explicó cómo podía usarla y practicar.

Durante los días siguientes, la madre de Tino y Cristina se turnaron para practicar los pasos con él. Después, la Srta. Inés ayudó a Tino a practicar con algunos niños de su clase durante breves periodos de tiempo.

A continuación, Tino practicó cómo iniciar una conversación por su cuenta. Eso le dio miedo, y se saltó un par de días. Pero su maestra y su madre le animaron a volver a intentarlo, y le resultó más fácil.

Tino llevó a casa la nota de su maestra y se la enseñó con orgullo a su madre. Cada día intentaba hablar con otro niño. Tino puso una marca en el registro de tareas de su contrato y eligió su recompensa.

Ayudó que los niños que habían practicado con él también se acercaran a hablar con él. Al cabo de un par de semanas, Tino se dio cuenta de que hablaba con un compañero cada día, y algunos días hablaba con más de un estudiante.

"La Srta. Inés dice que lo estoy haciendo muy bien, mamá", dijo Tino un día después de la escuela. "Gerardo, Pedro y Martina hablan conmigo todo el tiempo, y a veces jugamos a la pelota en el recreo".

Varias semanas después, Tino bajó del autobús escolar con una enorme sonrisa en la cara.

"Tino, ¿qué pasa? Pareces muy emocionado", dijo su madre.

"¡Mi amigo Pedro me invitó a su fiesta de cumpleaños! Su madre te enviará la información. A Pedro le gusta jugar al béisbol como a mí, así que tal vez podría regalarle una nueva gorra de béisbol para su cumpleaños. ¿Puedo ir?".

"Por supuesto. Te lo vas a pasar muy bien", le dijo su madre, mientras le abrazaba y se le humedecían los ojos con lágrimas de felicidad.

Hablemos

- Tino quería hacer amigos. ¿Cómo le ayudó el contrato?
- ¿Cómo ayudó la lista de pasos a Tino?
- ¿Cómo le ayudó el practicar con otros niños?
- Si hicieses un contrato con tu maestro o maestra, ¿qué tarea y qué recompensa elegirías?

PARTE II

Haz tu propio contrato

COMO HACER UN CONTRATO

Seleccionar la tarea

Seleccionar la recompensa

Escribir el contrato

Aplicar el contrato

Los contratos de conducta son una forma positiva de cambiar la conducta de tu hijo.

EN ESTE CAPÍTULO APRENDERÁS:

- Qué es un contrato
- Las partes de un contrato
- Cómo los contratos pueden ayudar a resolver los problemas de conducta
- Cómo los contratos pueden ayudar a alcanzar los objetivos personales

10

¿Qué es un contrato de conducta?

Por muy cuidadoso y enérgico que sea, no será el único si es un padre o una madre que a menudo lucha con las exigencias que se le imponen cada día. Hacer malabarismos con el trabajo, el cuidado de los niños, las tareas domésticas, el colegio y otras responsabilidades (por no hablar de intentar sacar un poco de tiempo para uno mismo o para la pareja) es un reto diario. Por ello, no es de extrañar que surjan desacuerdos con los niños sobre las tareas domésticas, los deberes y otras tareas rutinarias, lo que provoca tensiones y conflictos que afectan a todos los miembros de la familia.

En un mundo ideal, se recurriría a soluciones sencillas, que garantizaran la resolución de todos los problemas. Pero, por supuesto, no existe una solución fácil o mágica. La vida es demasiado complicada. Los padres (en realidad, cualquier persona que esté en contacto con los niños, desde los maestros hasta los abuelos) necesitan una serie de herramientas para hacer frente a gran variedad de situaciones. El contrato de conducta, la estrategia descrita en este libro, es una herramienta que puede utilizar para resolver los problemas de conducta de forma positiva. El contrato de conducta también puede ayudar a cualquier miembro de la familia, incluido usted, a alcanzar objetivos personales.

Definimos el contrato de conducta como una estrategia de enseñanza que pide a un niño que haga una tarea específica y le promete una recompensa tras realizar con éxito dicha tarea. Decenas de estudios de investigación han demostrado la eficacia del contrato de conducta para mejorar la conducta y enseñar nuevas habilidades a niños de todas las edades, con y sin necesidades educativas especiales, tanto en el hogar, como en el ámbito escolar o en la comunidad (ver *Referencias*).

Ventajas de los contratos en el ámbito familiar

El contrato de conducta ofrece un enfoque positivo para abordar las conductas más desafiantes, incluyendo:

- Peleas con los hermanos
- No seguir instrucciones
- Discutir
- Rabietas
- Negarse a hacer tareas de la casa
- No hacer los deberes

Pero los beneficios de los contratos van más allá de la resolución de problemas de conducta. Los contratos también pueden motivar a su hijo:

- Ser más independiente en muchas áreas de la vida diaria
- Lograr objetivos personales, como aprender a tocar un instrumento o hacer ejercicio con regularidad
- Desarrollar nuevos intereses o aficiones
- Aprender nuevas habilidades que van desde hablar con otros niños (ver el capítulo "Hacer amigos") hasta cocinar (ver el capítulo "Hermanos unidos")

También puedes crear contratos con tu pareja o contigo mismo para cambiar la forma de interactuar con tu hijo o entre vosotros. Por ejemplo, un contrato puede ser útil si quieres::

- Prestar más atención al comportamiento positivo del niño
- Pasar más tiempo a solas con tu hijo
- Pasar más tiempo con tu pareja

Esto es lo que hace que los contratos descritos en este libro sean diferentes de los típicos acuerdos verbales que los padres suelen hacer con sus hijos:

- El acuerdo se pone por escrito.
- El lenguaje que describe la tarea y la recompensa es muy específico y entendido claramente por todos.
- Las firmas del niño y de los padres (o una marca personal si el niño no escribe) indican el compromiso de cada uno en intentar honestamente que el contrato funcione.
- Cuando se cuelga en algún sitio visible, el contrato escrito sirve de recordatorio visual para el niño y los padres sobre lo que cada uno ha acordado hacer

Partes de un contrato

Los elementos principales de un contrato son:

- **Tarea:** la acción prometida (normalmente algo que su hijo hará)
- **Recompensa:** la promesa de una consecuencia positiva (normalmente proporcionada por usted) por hacer la tarea
- **Firmas:** nombres autógrafos o una marca personal (si el niño no escribe) de las personas que hacen el contrato
- **Sello oficial:** una pequeña imagen que personaliza el contrato para su familia y denota su importancia
- **Registro de tareas:** forma visual de hacer un seguimiento cada vez que la tarea se hace con éxito

Para ilustrar los elementos del contrato, veremos un contrato para un problema común al que se enfrentan los padres: que los niños pequeños se vayan a la cama en paz y a tiempo. La rutina nocturna habitual de Lucía, de seis años, consistía en jugar con sus puzles y su colección de animalitos de cerámica, discutir sobre la posibilidad de irse a la cama, suplicar quedarse despierta más tiempo, llorar, pedir algo de beber o comer y, a veces, estallar en una rabieta si sus padres se negaban. La falta de voluntad de Lucía para irse a la cama y las muchas maneras en que se resistía a sus padres creaban mucho estrés y hacían que la mayoría de las noches fueran desagradables.

CONTRATO

TAREA

* Quién: Lina
* Qué: Ir a la cama
* Cuándo: 20:30, papá y mamá darán un aviso 5 minutos antes
* Cómo de bien: No rechistar. Debe permanecer en la cama hasta la mañana siguiente (levantarse solo si tiene que ir al baño)

RECOMPENSA

* Quién: Mamá
* Qué: Un pequeño animal de cerámica para la colección de Lina
* Cuándo: Una vez que Lina realice la tarea cuatro veces seguidas, mamá la llevará a la tienda a comprar el animal de cerámica
* Cuánto: Un animal de cerámica

L	M	X	J	V	S	D	L	M	X	J	V	S	D
☺	✗	☺	☺	☺	☺	☺							

L	M	X	J	V	S	D	L	M	X	J	V	S	D

Firme aquí: Lina — 8 de enero

Firme aquí: Mamá — 8 de enero

Los padres de Lucía crearon el contrato que se muestra en la página contigua para ayudar a su hija a aprender a acostarse a la hora que le corresponde y a permanecer allí toda la noche. Además del contrato, los padres de Lucía se aseguraron de que la niña cenara y se bañara lo suficientemente temprano como para tener tiempo para jugar, leer unos cuantos cuentos con mamá o papá, y tomar un ligero tentempié y una bebida antes de acostarse.

Cómo se describe en un contrato la tarea a realizar

Para describir la tarea (lo que su hijo se compromete a hacer) en un formulario de contrato, usted rellena cuatro datos *Quién, Qué, Cuándo* y *Cuánto*. Puedes copiar los formularios de contrato de este libro o descargar e imprimir las plantillas de contractingwithkids.com Utilizaremos el contrato de Lucía a la hora de dormir para dar un ejemplo de cada uno:

- **Quién:** La persona que realizará la tarea y recibirá la recompensa; en este caso, Lucía.
- **Qué:** La conducta o la tarea que la persona debe hacer para ganarse la recompensa: Lucía se irá a la cama.
- **Cuándo:** La hora a la que debe hacerse la tarea. Lucía tiene que irse a la cama a las 20:30. Sus padres le avisarán con 5 minutos de antelación.

- **Cómo de bien:** Detalles para describir la tarea con la mayor especificidad posible a fin de evitar malentendidos. Esta sección es especialmente importante, ya que si los padres y el niño tienen las mismas expectativas y estas se expresan claramente, habrá una mayor probabilidad de que el contrato tenga éxito. No solo es necesario que Lucía se acueste a las 20:30, sino que el contrato también especifica que debe hacerlo sin discutir ni rogar y que debe quedarse en la cama hasta la mañana siguiente (puede levantarse solo para ir al baño). En otras palabras, el contrato premia los cambios de conducta positivos, y Lucía sabe bien lo que tiene que cambiar para tener éxito. (el capítulo “Escribir un contrato” trata el *Cómo de bien* en más detalle).

Pero, ¡deberías hacerlo sin recompensa!

Su hijo no necesita un contrato para las tareas que ya realiza regularmente. No obstante, el contrato ayudará a motivarle con actividades con las que tiene dificultades. Los problemas familiares habituales, como el hecho de que un niño no realice las tareas, suelen dar lugar a interacciones negativas entre padres e hijos. En cambio, los contratos promueven cambios de comportamiento positivos con un espíritu de cooperación entre los miembros de la familia.

En el capítulo "Seleccionar la tarea" encontrará un método paso a paso para identificar las tareas de los contratos de conducta, junto con ejemplos comunes de tareas utilizadas en los contratos.

Cómo describe un contrato, la recompensa

Para describir la recompensa (la consecuencia positiva que recibirá su hijo por realizar la tarea), debe rellenar *Quién, qué, cuándo y cuánto.* Esto es lo que queremos decir con cada uno de ellos, utilizando de nuevo el ejemplo del contrato de la hora de dormir de Lucía.

- **Quién:** La persona que determinará si la tarea se ha terminado y dará la recompensa. En el caso de Lucía, esta persona es su madre.
- **Qué:** La recompensa que dará a su hijo. Lucía colecciona animalitos de cerámica y recibirá uno como recompensa.
- **Cuándo:** El momento en que le das a tu hijo la recompensa. Lo ideal es que su hijo reciba la recompensa lo antes posible después de finalizar la tarea, teniendo en cuenta que algunas recompensas, como ir al cine, tendrán lugar más tarde. El contrato de Lucía establece que recibirá la recompensa después de haber terminado con éxito su tarea cuatro días seguidos.
- **Cuánto:** La cantidad de la recompensa obtenida al realizar la tarea. Lucía puede elegir un nuevo animal de cerámica para su colección después de cuatro veces consecutivas de acostarse con éxito.

El capítulo "Elegir la recompensa" expone dos métodos para elegir recompensas y ejemplos de recompensas habituales en los contratos con niños.

Otros elementos del contrato

La tarea y la recompensa son las partes principales de un contrato. A continuación, te ofrecemos más detalles sobre los tres elementos adicionales del contrato, ilustrados de nuevo con el ejemplo del contrato de Lucía sobre ir a dormir.

- **Registro de la tarea:** Un registro visual del cumplimiento de las tareas, como marcas de verificación junto a los días de la semana. La madre de Lucía dibujó una carita feliz en el registro de tareas cada vez que Lucía conseguía ir a la cama y quedarse en ella, tal y como se describe en su contrato.
- **Firmas:** Tu firma y la de tu hijo. Si tu hijo no escribe, utiliza una alternativa como hacer que tu hijo dibuje un círculo alrededor de su nombre después de escribirlo por él; un simple garabato también servirá. Añadir sus nombres simboliza el acuerdo de cada uno de hacer lo que dice el contrato y su compromiso de hacer todo lo posible para que funcione. Lucía y su madre firmaron el contrato.

CONTRATO

TAREA	RECOMPENSA
* Quién:	* Quién:
* Qué:	* Qué:
* Cuándo:	* Cuándo:
* Cómo de bien:	* Cuánto:

L	M	X	J	V	S	D	L	M	X	J	V	S	D

L	M	X	J	V	S	D	L	M	X	J	V	S	D

Firme aquí: ______________ ______________

Firme aquí: ______________ ______________

- **Sello oficial:** Pequeña imagen que refleja de algún modo la identidad o los intereses de tu familia y que significa el estatus especial y la importancia del contrato. En la historia "Fuera de juego", la adolescente Lina describe el sello oficial del siguiente modo: "Es como cuando la oficina de correos estampa 'correo certificado' en una carta y garantiza que esa carta llegará a su destino. Hace que esa promesa sea más formal". Su hijo puede dibujar algo que le guste o puede utilizar pegatinas. Lucía utilizó una pegatina de un animal para su contrato.

Una advertencia y una invitación

Los contratos no funcionan en todas las situaciones ni para todas las familias. Por muy bien que se construya y se presente un contrato a un niño, es posible que no tenga éxito. Pero en muchos casos, un contrato puede ayudar a cambiar la conducta de su hijo y a que la dinámica familiar pase de un tono negativo a uno positivo.

Dicho esto, creemos que todas las familias que prueben las técnicas descritas en este libro se beneficiarán al obtener nuevos conocimientos, así como una nueva perspectiva sobre los pensamientos, sentimientos, deseos y objetivos de los demás miembros de la familia.

Siguiente paso

Para prepararle para el éxito usando contratos, los dos próximos capítulos se adentran en detalle en la selección de tareas y recompensas al diseñar un contrato. Para inspirarse, le recomendamos que lea y comparta con su hijo las nueve historias de la Parte I que ilustran cómo los contratos pueden funcionar en situaciones de la vida diaria.

CÓMO HACER UN CONTRATO

Seleccionar la tarea

Seleccionar la recompensa

Escribir el contrato

Aplicar el contrato

Seleccionar la tarea es el primer paso para crear un contrato. Las tareas son comportamientos deseables que usted y su hijo se proponen hacer más a menudo.

EN ESTE CAPÍTULO APRENDERÁ:

- Qué es una tarea
- Tareas comunes de los contratos familiares
- Dos formas de identificar las tareas
- Directrices para la selección de tareas

Selección de la tarea

Los contratos motivan a una persona a hacer algo diferente o de una manera nueva (por ejemplo, mejor, más a menudo o más constantemente) o a hacer algo que nunca ha hecho antes. En los contratos de conducta, esa acción se denomina *tarea*. El primer y principal paso para hacer un contrato es identificar la tarea.

En este capítulo vamos a hablar de cómo seleccionar una tarea. También puede leer con su hijo el capítulo "Fuera de juego" para conocer más detalles sobre posibles tareas y mostrarle cómo una familia procedió al seleccionar una tarea.

Para el primer contrato, recomendamos elegir una tarea que prepare a su hijo para el éxito, y no tanto el problema más grande o más duradero. El objetivo es que el contrato de conducta sea una experiencia agradable que su hijo quiera repetir. Más adelante podrá abordar los problemas de conducta más difíciles. También sugerimos no intentar cambiar varios comportamientos con un solo contrato. Si se centra en una tarea factible, es más probable que tenga éxito.

El éxito de los contratos familiares tiene una serie de beneficios, como el aumento de la independencia y la autonomía, la mejora de las relaciones con los padres y los hermanos, fomentar el ayudar en casa, el apoyo a la consecución de objetivos personales y el fomento del aprendizaje de nuevas habilidades.

Observe que todos los ejemplos de tareas para contratos familiares que se muestran en la página siguiente son conductas deseables. Por supuesto, reducir o eliminar una conducta no deseada es una de las principales razones para hacer un contrato. Sin embargo, para la tarea en sí, es esencial elegir una conducta deseable para sustituir la acción no deseada.

Por ejemplo, en "El terror de las mascotas", la tarea contratada por Maya, de cuatro años, consiste en observar cómo nadan los peces y acariciar suavemente al perro, habilidades nuevas para ella. Si la tarea hubiera sido: "No dejes caer bloques en la pecera y no tires de la cola al perro", ello no le habría dicho a Maya lo que tenía que hacer y le habría quitado la oportunidad de crecer y mostrar con orgullo un nuevo comportamiento.

En "Por mí mismo", Tino, de10 años, se entretiene y discute todas las mañanas en el colegio, creando una escena caótica y estresante. La tarea en su contrato detalla los pasos necesarios para prepararse para ir al colegio de forma independiente. Su éxito se traduce en un mejor ambiente familiar.

Tareas habituales en contratos de conducta

AUMENTAR LA AUTONOMÍA

- Jugar tranquilamente a solas
- Vestirse solo
- Lavarse la cara y las manos
- Cepillarse los dientes
- Prepárate para ir al colegio
- Preparar el almuerzo escolar
- Hacer la cama
- Ir a la cama sin rechistar
- Guardar los juguetes
- Colgar el abrigo
- Hacer los deberes solo
- Tomar la medicación diaria

LLEVARSE BIEN CON OTROS MIEMBROS DE LA FAMILIA

- Seguir las instrucciones sin discutir
- Ayudar al hermano menor
- Compartir con un hermano
- Pedir a un hermano que juegue
- Pedir permiso antes de salir fuera de la casa

AYUDAR EN CASA

- Poner la mesa para comer
- Preparar parte de la comida
- Recoger la mesa
- Dejar el baño limpio
- Doblar y guardar la ropa
- Labores de jardinería
- Llenar y vaciar el lavavajillas
- Cambiar las toallas o las sábanas
- Limpiar la encimera de la cocina
- Aspirar/barrer el suelo
- Desempolvar los muebles
- Dar de comer o pasear el perro

CONSEGUIR UN OBJETIVO O APRENDER UNA HABILIDAD

- Probar nuevos alimentos
- Practicar un instrumento musical
- Aprender un nuevo idioma
- Hacer amigos
- Hacer ejercicio regularmente
- Practicar una nueva afición

Truco: Identifique una tarea deseable a realizar, no una conducta negativa que quiera disminuir o detener. Trabajar en un cambio positivo de conducta favorecerá el desarrollo de su hijo, así como sus habilidades.

Celebrar una reunión familiar

El primer paso para crear un contrato familiar es identificar la tarea conjuntamente. Para iniciar el proceso, convoque una reunión familiar. Muchas familias consideran que reunirse en la mesa después de la cena es un buen momento para crear y posteriormente evaluar sus contratos. La primera reunión es la más importante. Dedica al menos media hora, con el objetivo de identificar una tarea y una recompensa para el primer contrato de cada persona. Pero no te apresures. Si no terminas en la primera reunión, detente y continúa en una segunda reunión otro día.

Comienza la reunión explicando a tu familia que los contactos son una forma de que padres e hijos alcancen objetivos personales, y que los contratos recompensan la conducta deseable, en lugar de castigar las fechorías o los errores. Puedes mostrar uno o dos ejemplos de este libro, o leer una de las historias juntos. A continuación, explica cómo vas a identificar las posibles tareas mediante un debate abierto o la técnica de elaboración de listas que describiremos.

Debate abierto

La primera opción para su reunión familiar es mantener un debate abierto para seleccionar las tareas. Explica que vas a hablar de cómo han ido las cosas y a identificar las tareas (acciones) que cada uno de vosotros puede hacer para mejorar la vida familiar.

Hable primero y cite ejemplos de tareas positivas que los miembros de la familia, incluido usted, podrían hacer para mejorar las cosas.

Recuerde concentrarse en las conductas deseables, en lugar de quejarse de las conductas que no le gustan. Al igual que los padres de las historias "Fuera de juego", "Lina echa una mano" y "Por mí mismo", es posible que usted ya sepa qué tarea le gustaría que su hijo realizara en un contrato. Si es así, mencione lo que piensa y diga por qué cree que hacer esa tarea mejoraría las cosas para él y para su familia.

A continuación, dé a los demás un turno para hablar de sus sugerencias sin ser interrumpidos. Está bien repetir o ampliar las ideas ya mencionadas. Después de que todos tengan su turno, mantén un debate abierto sobre las diferentes ideas.

CONSEJOS PARA LA REUNIÓN

Ser positivo. Diles a tus hijos lo que va bien, no lo que te molesta. Tus hijos ya saben lo que te molesta. Probablemente, te han oído decírselo muchas veces. Apreciarán que les cuentes lo que ves, que va bien y cómo pueden contribuir a la familia de nuevas maneras.

Truco: Describir la conducta positiva de forma clara y específica es la base de un buen contrato.

Ser específico. Cuando hables de las cosas que tú o los demás hacéis o dejáis de hacer y que te gustaría que cambiaran y mejoraran, sé lo más específico posible, en lugar de utilizar términos o etiquetas generales. Ser específico significa explicar una tarea de tal manera que todo el mundo tenga la misma comprensión sobre los detalles de la misma.

He aquí algunos ejemplos de cómo ser específico a la hora de describir conductas y sugerir comportamientos deseables.

EN VEZ DE DECIR...	PUEDES DECIR...
Marcela es desordenada.	Me gustaría que Marcela colgara su abrigo y pusiera su mochila en su habitación al llegar a casa.
No me gusta la forma en que Vicente me contesta.	Quiero que Vicente me hable educadamente en un tono de voz calmado.

Roberto debería colaborar más.	Me gustaría que Roberto pusiera agua fresca en el cuenco del perro cada mañana y que regara las plantas el fin de semana.
Joaquín no ayuda en la casa.	Me encanta cuando Joaquín guarda la compra y saca la basura.
Estoy harta tener que vestir a Susana cada mañana.	Me gustaría que Susana se vistiera sola cada mañana.

Dejar que los niños hablen. Dale a cada niño la misma oportunidad de decir lo que piensa. Anima a que digan lo que quieren cambiar. Sigue las mismas reglas básicas: no te quejes y sé lo más positivo y concreto posible.

EN VEZ DE QUE LOS NIÑOS DIGAN...	PODRÍAN DECIR...
Papá es malo conmigo.	Me gustaría que papá me dejara usar sus herramientas.
Mamá siempre dice que no.	Quiero que mamá me deje hacer...
Mi habitación es una pocilga.	Mi cuarto estaría mejor si ordeno los juguetes y guardara la ropa.

Lo que dicen tus hijos puede sorprenderte. Los niños suelen ser capaces de señalar cuestiones familiares importantes y tareas relevantes. Una buena conversación abierta suele dar como resultado la identificación de las tareas que hay que tener en cuenta para los contratos.

El método de hacer listas

El método de hacer listas es una forma más estructurada de identificar las tareas. A muchas familias, sobre todo a las que tienen hijos mayores que leen y escriben, les gusta utilizar este método paso a paso, que utiliza dos plantillas: *Mis Tareas* y *Tus Tareas*. Puedes crear estos formularios en hojas de papel en blanco, copiar los formularios de este libro o descargar e imprimir los formularios de contractingwithkids.com. (Si vas a crear tu propio formulario, divide un papel en blanco en dos columnas).

Formulario "Mis Tareas". Entregue a cada persona un formulario de *Mis Tareas* y pida a todos que anoten en el lado izquierdo las cosas que hacen ahora para ayudar a la familia, y que escriban en el lado derecho las cosas que podrían hacer en el futuro para ayudar. Se trata de cosas que probablemente sabes que deberías hacer, pero que no has hecho últimamente. O tal vez hay algo que nunca has hecho y te gustaría empezar a hacer. Mira los ejemplos de cómo Carolina, de 14 años, y su madre rellenaron sus formularios.

Formulario "Tus Tareas". Después de que cada miembro de la familia rellene un formulario de *Mis Tareas*, entrega a todos un formulario de *Tus Tareas* y sigue estos pasos para rellenarlo. Rellena este formulario para todos los demás en la reunión, pero no para ti. Mira los ejemplos de cómo los otros miembros de la familia respondieron a los formularios de Danilo y su padre.

- En la columna de la izquierda, escribe en la parte superior "Cosas que [tu nombre] hace para ayudar a nuestra familia".
- En la columna de la derecha, escribe en la parte superior "Otras formas en que [tu nombre] podría ayudar".
- Pase su plantilla a otra persona.

Cada persona de la familia rellenará su formulario y tú rellenarás el de los demás.

- En la columna de la izquierda, enumera las cosas que reconoces que esa persona hace ahora para ayudar a tu familia.
- En la columna de la derecha, enumera las formas en que crees que esa persona podría ayudar más.
- Pasa cada formulario de una persona a otra hasta que todos hayan escrito en los formularios de los demás.

Una buena regla es que todos deben escribir al menos una cosa en cada lado del formulario Tus Tareas de los demás.

MIS TAREAS: Carolina

COSAS QUE HAGO PARA AYUDAR	OTRAS FORMAS DE AYUDAR A MI FAMILIA Y MEJORAR
• Dar de comer a los perros • Vaciar el lavavajillas y guardar todo • Cuidar a Lana de vez en cuando • Ayudar a papá a lavar la ropa	• Llegar a tiempo a la cena • Anotar mis entrenamientos y partidos de fútbol en el calendario familiar • Colgar mi abrigo y poner mi mochila en mi habitación cuando llegue a casa • Practicar con el piano

MIS TAREAS: Mamá

COSAS QUE HAGO PARA AYUDAR	OTRAS FORMAS DE AYUDAR A MI FAMILIA Y MEJORAR
• Ir al trabajo • Preparar la cena tres noches a la semana • Llevar a Carolina a los entrenamientos y partidos de fútbol • Planificar las vacaciones • Pagar las facturas	• Enseñar a Carolina a tocar la guitarra • Reducir el tiempo que pasa mirando las redes sociales • Ir más a la piscina con los niños • Ayuda en el jardín

TUS TAREAS: Danilo

QUÉ HACE Danilo PARA AYUDAR A LA FAMILIA	OTRAS FORMAS EN QUE Danilo PUEDE AYUDAR
• Barre y aspira cuando se le pide	• Poner su ropa sucia en el cesto
• Hace su cama	• Hacer los deberes sin que tengan que recordárselo
• Juega a juegos de mesa con Janet	• Despejar y limpiar la mesa después de la cena
• Lleva el contenedor de reciclaje a la basura	• Preparar su almuerzo la noche anterior
• Cuenta chistes divertidos y nos hace reír	
• Se prepara para la escuela a tiempo	

TUS TAREAS: Papá

QUÉ HACE Papá PARA AYUDAR A LA FAMILIA	OTRAS FORMAS EN QUE Papá PUEDE AYUDAR
• Va a trabajar	• Limpiar el sótano y el garaje
• Ayuda a los niños con los deberes	• Enseñarme a usar la tostadora
• Hace el desayuno los fines de semana	• Tirar a canasta conmigo más a menudo
• Planta y cuida el jardín	• Enseñar a todo el mundo lo que hay que hacer cuando se cae Internet para poder arreglarlo si papá no está en casa
• Llama a familiares que viven lejos para felicitarles las fiestas	• Enseñarme a dibujar caricaturas

Truco: Elige para el primer contrato de tu hijo una tarea con la que tenga una alta probabilidad de tener éxito. Más adelante podréis abordar conductas más difíciles.

Los ejemplos muestran lo que la madre, el padre y la hermana mayor de Danilo, de ocho años de edad, escribieron en el formulario *Tus tareas* de Danilo y el aspecto que tenía la lista del padre de Danilo después de que su mujer y sus dos hijos las confeccionaran.

Cuando rellene el formulario Sus tareas para su hijo, enumere más comportamientos positivos que su hijo está haciendo ahora que comportamientos que le gustaría que hiciera en el futuro. Esta es una oportunidad para que su hijo sepa que usted nota y aprecia su esfuerzo.

Elija la primera tarea

Haz que todos miren atentamente sus dos formularios de tareas. Recorre la mesa y ayuda a cada persona a decidir qué tarea es la más importante para su primer contrato. Hacer estas preguntas puede ayudar a decidir qué tarea elegir:

- ¿Sería mejor miembro de la familia si hiciera esta tarea?
- ¿Seríamos más felices y si hiciera esta tarea?

- ¿Es esta tarea algo que la persona puede hacer de forma independiente? Si no es así, ¿podemos hacer que la tarea sea más factible?

Si la respuesta a estas preguntas es afirmativa, probablemente se trate de una tarea importante. Los contratos funcionan mejor cuando todas las personas que los firman están de acuerdo en que la tarea es importante. En el capítulo "Redactar el contrato", explicaremos cómo especificar los detalles de cómo de importante es la tarea.

Próximo paso

Después de haber seleccionado una tarea para el primer contrato de cada uno, llega la parte divertida. En el siguiente capítulo, elegirás la recompensa de cada contrato.

CÓMO HACER UN CONTRATO

Seleccionar la tarea

Seleccionar la recompensa

Escribir el contrato

Aplicar el contrato

La elección de la recompensa es el segundo paso en la creación de un contrato. Las recompensas son una manera de lograr un cambio de conducta de forma positiva.

EN ESTE CAPÍTULO APRENDERÁS A:

- El fin de las recompensas
- Recompensas habituales en contratos entre miembros de la familia
- Dos formas de identificar las recompensas

12

Elegir la recompensa

La selección de la tarea, descrita en el capítulo anterior, es el primer paso para crear un contrato con su hijo. Para que sean eficaces, las recompensas no tienen que ser (ni deberían ser) caras, elaboradas o que requieran mucho tiempo. Pueden ser artículos de bajo coste o, mejor aún, actividades o salidas que podáis disfrutar juntos. A veces, la recompensa real es menos importante para su hijo que el hecho de que usted esté dispuesto a ofrecer una consecuencia positiva por su conducta, en lugar de adoptar un enfoque punitivo.

Una recompensa puede impulsar el cambio de comportamiento y aumentar la sensación de logro y satisfacción de su hijo. Cuando su hijo experimente las recompensas naturales del éxito y los logros, como suele ocurrir, es posible que el contrato deje de ser necesario.

Recompensas frecuentes en contratos de conducta

ACTIVIDADES EN CASA

- Jugar a los videojuegos
- Un cuento extra para dormir
- Pintar o dibujar
- Acostarse tarde un sábado
- Invitar a un amigo a dormir
- Jugar a un juego de mesa
- Hacer un rompecabezas
- Cocinar algo especial
- Pedir cena a domicilio
- Hacer una pulsera
- Hacer *slime*

EXCURSIONES

- Visitar el zoo
- Pícnic en el parque
- Ir al parque infantil
- Visitar la biblioteca
- Paseo en bicicleta
- Hacer una fogata
- Paseo nocturno con linternas
- Ir al cine
- Salir a comer pizza
- Ir de caminata

REGALOS ESPECIALES

- Elegir el sabor del helado
- Desayuno en la cama
- Pegatinas
- Sorpresa de una bolsa
- Vale por tarea doméstica
- Elegir la cena
- Desayuno de panqueques
- Dinero
- Ropa para muñecas
- Materiales de algún hobby
- Tarjetas coleccionables
- Kits de Lego
- Coches de juguete
- Juegos de mesa
- Sellos para niños
- Tiempo extra de pantalla
- Programa de tele o película
- Materiales de plástica
- Libro o revista
- Una *app* nueva

Los contratos familiares suelen incluir recompensas como las que se muestran en la página contigua.

Dos formas de identificar las recompensas

En el capítulo anterior, recomendamos celebrar una reunión familiar para elegir conjuntamente una tarea para el contrato. Una vez que se hayan puesto de acuerdo sobre la tarea, pueden utilizar el mismo formato de reunión familiar para elegir juntos una recompensa. Puedes mostrar uno o dos de los contratos de las historias de este libro como ejemplo. A continuación, explica cómo vas a identificar las posibles recompensas, ya sea mediante un debate abierto o mediante la técnica de elaboración de listas que describimos.

Debate abierto

Una conversación abierta es un enfoque simple y directo para elegir las recompensas que funciona en la mayoría de los casos. Invite a su hijo a sugerir ideas. Por su parte, piense en las actividades, excursiones y cosas que le gustan a su hijo. Aproveche este conocimiento para sugerir ideas de recompensas. En las historias "Fuera de juego" y "Lina echa una mano", los padres sugieren las recompensas y sus hijos las aceptan de inmediato.

¿Es más efectivo un contrato con penalizaciones?

No recomendamos las consecuencias punitivas por no realizar la tarea. Llevar a cabo una penalización suele requerir interacciones negativas entre padres e hijos, que producen resultados indeseables como discusiones, ansiedad por recibir la penalización y/o la retirada total del contrato. Las investigaciones demuestran que los contratos con recompensa son tan eficaces como los contratos con penalización, y tanto los niños como los adultos prefieren el enfoque basado en recompensas.

La recompensa también puede ser un menú de opciones entre las que su hijo elija una cada vez que gane una recompensa. En el cuento "Haciendo amigos", por ejemplo, Tino y su madre deciden que cada día que haga la tarea de su contrato podrá elegir una de una lista de tres actividades diferentes o golosinas especiales.

Una recompensa eficaz para algunas tareas es el acceso a la actividad que el niño realiza constantemente en lugar de la tarea deseada. En "Un problema de números", Pedro, un estudiante de 10 años, tenía problemas para entender las fracciones. Pedro dijo a sus padres que quería mejorar en matemáticas, pero que en lugar de estudiar jugaba a los videojuegos. Pedro establece un contrato con la tarea de resolver diez nuevos problemas cada noche de la semana. Una vez que termina los problemas, se le recompensa con un permiso para jugar a los videojuegos durante una hora como máximo hasta la hora de acostarse. Esta recompensa actúa como incentivo para que Pedro se enfrente a los problemas de matemáticas justo después de la cena.

El método de hacer listas

Este método es una forma más estructurada de identificar las recompensas. A muchas familias, especialmente a las que tienen niños mayores que saben leer, les gusta seguir este método paso a paso.

Cada miembro de la familia rellena un formulario de *Mis Recompensas* (se pueden hacer las listas de Mis recompensas en hojas de papel en blanco, copiar el formulario de este libro o descargar o imprimir un formulario de contractingwithkids.com). En el formulario, haz que tu hijo enumere las cosas que le gustarían como recompensa por hacer la tarea. La lista puede dividirse en categorías como actividades, salidas y regalos especiales. Como ejemplo, hemos mostrado cómo Carolina, de 14 años, rellenó su formulario de *Mis recompensas*. Para otro ejemplo, mira la lista de recompensas que hizo el padre de Carolina. Ve alrededor de la mesa y haz que cada miembro de la familia sugiera una recompensa de su lista que le gustaría recibir por hacer la tarea de su contrato. A continuación, hablad de la elección de cada uno. Los niños a veces ponen a prueba a sus padres, incluyendo en su lista de recompensas cosas caras o extravagantes. Saben que

MIS RECOMPENSAS: Carolina

ACTIVIDADES EN CASA

- Escuchar música
- Jugar a juegos de palabras por Internet
- Hacer rompecabezas y sudokus
- Correr en la cinta

REGALOS ESPECIALES

- Nueva sudadera con capucha
- Almohadas para mi dormitorio
- Nuevas zapatillas para correr

EXCURSIONES

- Salir a comer pizza
- Ir a la bolera
- Recorrer el nuevo carril bici
- Ver una película en el cine

OTRAS

- Más tiempo para enviar mensajes de texto a mis amigos
- Que un amigo se quede a dormir
- No vaciar el lavavajillas algunos días

MIS RECOMPENSAS: Papá

MIS ACTIVIDADES Y REGALOS PREFERIDOS

- Salir a cenar con mamá
- Jugar al trivial con mis amigos los martes por la noche
- Ir a la bolera con Carolina
- Ir al cine con los niños
- Ver películas antiguas en casa
- Leer el periódico del domingo sin ser interrumpido
- Comprar un paquete de mi café favorito

esas cosas no son posibles, así que basta con sonreír o reírse y decir: "¡Qué bien estaría eso! Ahora, veamos este otro artículo que es más razonable".

Consejos para seleccionar recompensas

Las siguientes preguntas pueden ayudarte a decidir qué elegir como recompensa:

- ¿Es razonable la recompensa? ¿Se ajusta a la tarea? La recompensa debe ser justa, ni demasiado grande ni demasiado pequeña en relación con el esfuerzo que supone la tarea. Hablaremos de cómo decidir la parte de la recompensa correspondiente al "cuánto" en el próximo capítulo, "Escribir el contrato".
- ¿Puede dar fácilmente la recompensa cada vez que su hijo haga la tarea? Las recompensas son más eficaces cuando se reciben inmediatamente o poco después de la tarea. Esto es especialmente cierto para el primer contrato de un niño. Hablaremos de cómo decidir cuándo dar la recompensa en el próximo capítulo, "Escribir el contrato", y de cómo registrar los detalles en el contrato.
- ¿Está dispuesto a no entregar la recompensa si la tarea no se

MIS RECOMPENSAS:

ACTIVIDADES EN CASA

-
-
-
-

REGALOS ESPECIALES

-
-
-
-

EXCURSIONES

-
-
-

OTRAS

-
-
-

realiza? Si tu hijo no hace la tarea, no recibe la recompensa. Si no sigues esta regla y cedes a los lloriqueos o ruegos de tu hijo, estarás premiando y reforzando esos comportamientos no deseados en lugar de la tarea deseada fijada en el contrato.

Próximo paso

Una vez que haya seleccionado la tarea y la recompensa, es el momento de incorporarlas al contrato, como veremos en el siguiente capítulo, "Escribir el contrato".

CÓMO HACER UN CONTRATO

Seleccionar la tarea

Seleccionar la recompensa

Escribir el contrato

Aplicar el contrato

La redacción del contrato es el tercer paso del contrato de conducta. Este paso combina la tarea y la recompensa en una relación tipo *si-entonces.*

EN ESTE CAPÍTULO APRENDERÁS A:

- Describir los detalles de la tarea
- Describir los detalles de la recompensa
- Crear un registro de tareas
- Revisar, firmar y sellar el contrato

13

Escribir el contrato

Los contratos familiares pueden redactarse de diversas maneras, pero recomendamos utilizar un formato estándar para garantizar que se incluyan todos los componentes clave. Puedes copiar una plantilla de contrato de este libro o descargarlos e imprimirlos de contractingwithkids.com

¿Por qué debería negociar con mi hijo?

Cuanto más se sienta su hijo como un socio en el contrato, más probabilidades de éxito tendrá. Escuchar la opinión de su hijo e incorporar sus sugerencias demuestra que respetas sus opiniones, ideas y preocupaciones. Además, es probable que plantee cuestiones que usted no haya tenido en cuenta. El contrato de conducta tiene más probabilidades de éxito cuando escuchas, estás abierto a negociar y te comprometes a llegar a un acuerdo.

Llegados a este punto, ha seleccionado una tarea y ha elegido una recompensa, los dos primeros pasos para crear un contrato. En el tercer paso, la redacción del contrato, usted y su hijo conversarán, negociarán y registrarán los detalles específicos que describen claramente la tarea y la recompensa.

Para redactar el contrato, comience con un formulario de contrato en blanco y rellene los detalles de la tarea::

- **Quién:** Escriba el nombre de la persona que realizará la tarea.
- **Qué:** Escriba un breve nombre descriptivo para la tarea.

Ahora llega el momento de determinar *cuándo* hay que hacer la tarea, *lo bien* que hay que hacerla y si habrá alguna excepción.

¿Cuándo debe realizarse la tarea?

Casi todos los contratos llevan aparejado un elemento temporal. He aquí algunas cuestiones sobre las que hay que reflexionar: ¿La tarea debe realizarse todos los días, una vez a la semana, o un número mínimo de veces al día o a la semana? ¿Es importante que la tarea se inicie o se termine en momentos concretos? ¿Es necesario que la tarea se realice a lo largo de un periodo de tiempo? En "El terror de las mascotas", Maya tenía que "ser buena con las mascotas" desde que llegaba a casa del preescolar hasta la cena, y de nuevo desde después de la cena hasta su hora de acostarse.

¿Puede su hijo realizar la tarea cuando quiera, siempre que la termine antes de un día u hora determinados? Si la tarea es "practicar el piano" cuatro veces por semana, por ejemplo, el contrato podría decir que su hijo puede elegir practicar cualquier día de la semana.

En los siguientes contratos se ilustran algunos ejemplos de cuándo hay que realizar las tareas:

- El contrato de Pedro en "Un problema de números" decía que pasaría media hora resolviendo problemas de fracciones después de cenar.
- El contrato de Lina en "Lina echa una mano" establecía que empezaría a preparar la cena a las 16:30 de lunes a viernes.
- El contrato de Tino en "Por mi mismo" especificaba que tenía que estar listo para el autobús a las 7:45 de la mañana cada día de clase.

Una vez que usted y su hijo hayan negociado y determinado cuándo debe realizarse la tarea, escriba los requisitos junto a Cuándo en el contrato.

Si el contrato solo estará en vigor durante un periodo de tiempo determinado, escríbelo en el contrato junto con el plazo exacto. Por ejemplo, el contrato de Lina con su madre era de tres semanas.

¿Qué tan bien debe realizarse la tarea?

La parte del contrato relativa al "cómo" tiene por objeto evitar desacuerdos sobre si la tarea se ha realizado o no. Es esencial que todos entiendan y estén de acuerdo con este componente. La falta de claridad sobre lo que significa realizar la tarea es una de las principales razones por las que los contratos fracasan. En las historias "Fuera de juego" y "Lagunas", era importante que la familia fuera específica sobre el contrato de limpieza de la habitación de Gerardo.

El primer contrato de Gerardo no funcionó hasta que él y su padre estuvieron de acuerdo en la definición exacta de una habitación "limpia". Gerardo y su padre hablaron sobre cómo arreglar el contrato y llegaron a esta lista modificada:

- Recoger toda la ropa del suelo, la cama, el escritorio y la silla. La ropa debe guardarse en la cómoda o colgarse en el armario.
- La guitarra en su estuche; maquetas y libros en las estanterías.
- Despeja la parte superior del escritorio. Poner los lápices en la taza del escritorio y los deberes en la mochila.
- Haz la cama.

Gerardo podría entonces utilizar el contrato como una lista de control de lo que debe hacer. He aquí algunos ejemplos adicionales de cómo definir la tarea que debe realizarse:

Truco: Las fotos son una forma estupenda de mostrar el aspecto exacto de una tarea terminada. Su hijo puede comparar fácilmente los resultados de su trabajo con las fotos. Ver el contrato sobre "Poner la mesa" de Javi.

- El contrato de Pedro en "Un problema de los números" decía que tenía que resolver diez problemas de fracciones nuevos.
- El contrato de Tino en el capítulo "Por mí mismo" requería que llevara a cabo los cuatro pasos de su tarea de "prepararse para la escuela". Su madre tomó fotos mostrando a Tino haciendo cada paso y las adjuntó al contrato.
- La tarea de Lina de dar "lecciones de cocina para Gerardo" en "Hermanos Unidos" especificaba que ella explicaría cada paso dc la rcccta y dcjaría que Gerardo intentara hacerlo.

Una vez que usted y su hijo hayan hablado y determinado lo bien que debe de hacerse la tarea, escriba esos requisitos junto a la sección *Cómo de bien* en el contrato.

¿Hay alguna excepción a los requisitos de las tareas?

Lo último que hay que tener en cuenta al definir la tarea son las excepciones. Algunas tareas deben hacerse todos los días, como dar de comer al gato, preparar la cena para una familia hambrienta o irse a la cama a tiempo. Pero su hijo puede saltarse otras tareas de vez en cuando sin perder su recompensa: tareas como practicar un instrumento musical, hacer la cama o ayudar a otro miembro de la familia a trabajar en un proyecto especial. Si vas a permitir excepciones, es mejor que lo decidas desde el principio y lo incluyas en el contrato por adelantado, para que nadie pueda discutirlo después. Aquí es donde suele ser necesaria la negociación. En la historia "Lagunas", Gerardo le preguntó a su padre: "¿Y si falto un día? ¿Significa eso que no recibiré la recompensa? ¿Entonces no pasaremos tiempo especial juntos el sábado?".

Su padre definió las excepciones diciendo: "Nadie es perfecto. Digamos que vas a limpiar tu habitación de lunes a viernes y puedes faltar un día a la semana y, aun así, ganarte la recompensa". Lina, por su parte, podía saltarse la preparación de la cena una noche durante las tres semanas de su contrato con su madre y seguir recibiendo su recompensa.

Truco: Establezca expectativas razonables que su hijo pueda cumplir. No escriba un contrato en el que un mal día o un error puntual elimine la posibilidad de que su hijo gane la recompensa. Incluir excepciones en el contrato por adelantado refleja que en la vida real nadie es perfecto, y eso está bien.

TAREA	CUÁNDO	CÓMO DE BIEN	EXCEPCIONES
Rodrigo juega con Celia	• Entre semana: antes o después de la cena • Sábado y domingo: Dos veces cada día	Cualquier combinación de estas actividades (15 min): • Jugar una partida con Celia • Leerle a Celia • Construir bloques con Celia • Enséñar a Celia a escribir su nombre o los números	Puede fallar una vez entre semana.
Lola ayuda con el lavavajillas	• Lunes a viernes • Vaciar: antes de las 17:00 • Llenar: después de cenar	• Vaciar: guardar los platos limpios • Llenar: poner los platos sucios en el lavavajillas	No lo hará si: • Cena en casa de una amiga • Tiene que entregar un trabajo o hacer un examen al día siguiente
Papá pasa más tiempo con Lola	Todos los días	Dos de las siguientes (15 min): • Hablará con Lola • Le preguntará sobre algún hecho reciente • Le invitará a hacer algo (como ir a pasear) • Jugará a un videojuego con ella	• Podrá hacer una sola actividad si dura 20 minutos • Lola puede pedir la actividad que prefiera pero papá podrá vetarla
Mamá hace ejercicio	Tres días a la semana	Cualquiera de las siguientes: • Yoga (20 min) • Correr (1,5 km) • Bici estática (20 min) • Clase online de pilates	Ninguna

Una vez hayas determinado con tu hijo si se permitirán excepciones, escribe los detalles junto a *Cuándo* o *Cuánto* en el contrato. El cuadro de la página anterior muestra cómo la familia Campos especificó estos aspectos para las tareas de cada miembro de la familia: Rodrigo, de nueve años, tenía que jugar con su hermana Celia de cinco; Lola debía ayudar con el lavavajillas; el padre pasaría más tiempo con Lola; y la madre haría más ejercicio.

Escribir los detalles referidos a la recompensa

Un buen contrato es tan específico sobre la recompensa como sobre la tarea.

¿QUIÉN DA LA RECOMPENSA Y EN QUÉ CONSISTE?

Comienza poniendo el nombre de la persona que proporcionará la recompensa junto a *Quién* y escribiendo una descripción de la recompensa junto a *Qué*. La mayoría de los contratos especifican una sola recompensa, pero también se puede hacer una lista de recompensas y permitir que el niño elija una después de hacer la tarea cada vez. Esta opción da a tu hijo la posibilidad de elegir por sí mismo. La variedad también puede evitar que su hijo se canse de la misma recompensa. Por ejemplo, en “Haciendo amigos”, cada día que Tino realizaba su tarea de “hablar con otro estudiante” en la escuela, podía elegir entre tres recompensas diferentes en casa.

¿CUÁNDO SE ENTREGARÁ LA RECOMPENSA?

A continuación se especifica cuándo se entregará la recompensa. La recompensa se entrega siempre después de haber hecho la tarea. Si es posible, el niño debe recibir la recompensa inmediatamente después de realizar la tarea. En "Un problema de números", en cuanto Pedro resolvía diez problemas, podía empezar a jugar al videojuego. En "El terror de las mascotas", inmediatamente después de que Maya se portara bien con las mascotas durante el tiempo requerido, su hermana mayor o uno de sus padres le leería un cuento.

Algunos contratos exigen que la tarea se haga un determinado número de veces antes de obtener la recompensa. En el capítulo "Contratos con imágenes para no lectores", la recompensa de Javi de hacer uno de sus postres favoritos con su padre llegaría después de poner la mesa cinco veces. En el capítulo "¿Qué es un contrato de conducta?", Lucía tenía que ir a la cama y seguir los requisitos del contrato cuatro días seguidos para ganar su recompensa.

Algunas recompensas sólo pueden darse en momentos concretos. Por ejemplo, en "Fuera de juego", la recompensa de Gerardo de actividades especiales con su padre sería los sábados.

Estos son algunos ejemplos de contratos en los que la recompensa no se da inmediatamente después de la tarea:

- En "Lina echa una mano", la recompensa de ir al mercadillo con su madre a por un escritorio se dio a final de mes.

- En “Por mí mismo”, Tino recibía un pequeño personaje de Lego después de la escuela cada día que se preparaba para ir al colegio y seguía los requisitos del contrato por la mañana.
- En “Ahora te toca a ti, mamá y papá”, los padres de Lina y Gerardo podían elegir una noche del fin de semana para recibir su recompensa de una cena especial cocinada por sus hijos.

TAREA	RECOPMENSA JUSTA	RECOMPENSA INJUSTA
Hacer los deberes todas las noches	Una hora de televisión	10 minutos de televisión (demasiado pequeña)
Tocar el piano 30 minutos 3 veces por semana	Pedir pizza cada dos semanas	Una pizza cada noche que lo haga (demasiado grande)
Doblar la ropa dos veces por semana	Ir al cine después de cuatro semanas de éxito	Ir al cine en los próximos dos meses (escasa, lejana, imprecisa)
Cuando se le pide, deja la tablet antes de transcurridos 5 minutos	30 minutos de tiempo extra de tablet al día siguiente	30 minutos de tiempo extra de tablet el fin de semana (escasa y lejana)

Truco: Incorpore bonificaciones por finalizar la tarea un determinado número de veces consecutivas o durante un periodo prolongado.

¿EN QUÉ CANTIDAD SE DA LA RECOMPENSA?

Es muy importante que todos los implicados en el contrato perciban que el valor de la recompensa es justo en consideración a la tarea realizada. Una recompensa justa debe ser lo suficientemente grande como para que su hijo tenga algo que esperar mientras hace la tarea, pero no debe ser demasiado grande, elaborada o cara. Por ejemplo, Don y sus padres acordaron que si lavaba los platos cuatro veces a la semana, podría invitar a un amigo a cenar el domingo. Esto les parecía justo a todos. Invitar a toda su clase a una fiesta el sábado sería un ejemplo de recompensa demasiado grande para la tarea.

Recuerda que todos los que firmen el contrato deben estar de acuerdo en que la recompensa es justa. Aquí tienes algunos ejemplos de recompensas justas e injustas.

RECOMENSAS EXTRA Y BONIFICACIONES

La posibilidad de ganar recompensas extra puede hacer que un contrato sea aún más motivador para tu hijo. Por ejemplo, en "Por mí mismo", cada mañana que Tino se preparaba con éxito

TAREA	RECOMPENSA	CUÁNDO	CUÁNTO
Rodrigo: Juega con Celia	• Tiempo extra de pantalla • Palomitas de maíz de mamá • Poner piezas en el puzle • Bono: Que un amigo se quede a dormir	• Todos los días después de la cena • Bonificación tras cumplir el contrato durante dos semanas	Uno a diario: • 10 min de tele • Bol de palomitas • Poner 2 piezas del puzle (al terminarlo ir de excursión de fin de semana) Bono: si un amigo se queda a dormir, ver una peli y tomar batido
Lola: Llena y vacía el lavavajillas	Elegir mi comida favorita para la cena	El domingo	Cada dos semanas
Papá: Pasar más tiempo con Lola	No necesito recompensa. El tiempo con Lola será recompensa suficiente.	A diario	Ir a pescar, solo Lola y yo
Mamá: Ejercicio	• Leer para divertirse • Ver un espectáculo • Bono: Cena con un amigo	A diario: • Después de que los niños estén en la cama • Bono: Si lo cumple 15 días	Uno a diario: • 10 minutos más de tele • Pequeño bol de palomitas de maíz

para ir al colegio, ganaba un pequeño personaje de Lego. Por una semana perfecta, recibía un personaje adicional como bonificación. Cualquier requisito de bonificación debe detallarse en el contrato. El cuadro de la página contigua muestra cómo la familia Campos especificó la recompensa, cuándo se entregaría y a cuánto ascendería la recompensa por cada una de las tareas del contrato.

Crear un registro de tareas

Indicar las tareas terminadas en el contrato (por ejemplo, con marcas de verificación, estrellas o pegatinas) proporciona una retroalimentación visual positiva continua a su hijo, y le recuerda que debe reconocer y elogiar la mejora de la conducta de su hijo. Cada mañana, después de que Lucía se acostara con éxito, su madre elogiaba su logro y marcaba una cara sonriente en el registro de tareas de su contrato. Esto facilitó que Lucía viera su progreso realizando la tarea cuatro días seguidos para ganar su recompensa, y

Truco: Utiliza sellos de caucho, pegatinas en forma de estrellas de colores, caras felices u otros símbolos positivos en el registro de tareas. Rotuladores, bolígrafos y lápices de colores funcionan igual de bien para los símbolos escritos a mano, marcas de verificación, o para rellenar figuras, por ejemplo, una fila de círculos.

que su mamá evaluara cómo iba el contrato diariamente y durante un período de tiempo más largo.

La mayoría de las veces, el registro de tareas puede incluirse directamente en el contrato, como se muestra en los ejemplos de este libro. Otra posibilidad es que el registro de la tarea se incluya en una hoja de papel separada para tener más espacio para registrar el progreso.

Revisar, firmar y sellar el contrato

Ahora que has escrito los detalles de la tarea y la recompensa y has elaborado un registro de tareas, el contrato está listo para ser firmado. Antes de firmarlo, usted y su hijo deben revisar el contrato para

Lista de comprobación de un contrato

- ¿Es una tarea importante para usted y su familia? ___ Sí ___ No/No se
- ¿Hay alguna excepción? Si es así, ¿están claros? ___ Sí ___ No/No se
- ¿Comprende todo el mundo lo bien que debe realizarse la tarea? ___ Sí ___ No/No se
- ¿Es justa la recompensa? ___ Sí ___ No/No se
- ¿Está claro cuándo debe realizarse la tarea? ___ Sí ___ No/No se
- ¿Está claro cómo funciona el registro de tareas y quién lo marcará? ___ Sí ___ No/No se

asegurarse de que lo explica todo específicamente y de que ambos están de acuerdo con lo que dice.

Las preguntas de la lista de comprobación de la página 174 le ayudarán a determinar si está listo para finalizar los términos del contrato. Cuando el contrato esté completo y sea claro, tú y tu hijo podréis responder a cada pregunta con un sí sin fisuras. Si no puedes responder afirmativamente a una o varias de estas preguntas, estudia por qué y evalúa cómo abordar el problema.

Si la respuesta a estas preguntas es sí, ha llegado el crucial momento de firmar el contrato. Al poner su nombre en el contrato, cada persona reconoce que la tarea es importante, que la recompensa es justa y que el contrato se cumplirá tal y como está escrito. Los niños que no escriben pueden hacer un símbolo, como un garabato o una X, o uno de los padres o hermanos puede escribir el nombre del niño y hacer que lo rodee. Plasma el sello oficial de tu familia y el contrato estará listo. Para ver ejemplos de sellos oficiales, consulta los modelos de contrato de este libro y de contractingwithkids.com

Siguiente paso

En el próximo capítulo, ofreceremos sugerencias para poner en práctica el contrato y evaluar sus efectos en la conducta de tu hijo y en el bienestar de tu familia.

CÓMO HACER UN CONTRATO

Seleccionar la tarea

Seleccionar la recompensa

Escribir el contrato

Aplicar el contrato

Ahora que has redactado tu contrato, el siguiente paso es ponerlo en práctica.

EN ESTE CAPÍTULO APRENDERÁS A:

- Empezar con buen pie los contratos
- Solucionar problemas con los contratos
- Evaluar los contratos
- Desvanecer y concluir el contrato

14

Aplicar el contrato

Cuando hayas llegado a esta parte del libro, es probable que hayas invertido bastante tiempo y consideración en elaborar un contrato con tu hijo. Ahora es el momento de ponerlo en práctica.

Empezar el contrato con buen pie

Cuando ponga en práctica un contrato, estas directrices pueden ayudar a maximizar sus posibilidades de éxito.

Muestre entusiasmo por el inicio del contrato. Hágale saber a su hijo que está encantado de que pruebe el contrato y que anticipa que será divertido alcanzar un objetivo juntos. Según la edad o la tarea podrá decirle cosas como las siguientes:

- "Estoy muy emocionado por probar este contrato contigo. Sé que puedes hacerlo".

- “Le conté a la abuela lo de tu contrato y está deseando verlo cuando venga la semana que viene”.
- “Me encanta que trabajemos en esto como un equipo”.

Deja que el contrato haga el trabajo. No le pida a su hijo que haga la tarea que figura en el contrato. Una de las ventajas de tener un contrato por escrito es que elimina la necesidad de recordarle, regañarle, suplicarle o dirigirle constantemente. Es una oportunidad de confiar en su hijo para que pruebe un nuevo enfoque.

Elogie a su hijo por haber hecho la tarea. Sus elogios son una de las herramientas más poderosas para cambiar la conducta de su hijo. Cuando su hijo haga la tarea, elogiarlo sinceramente y darle una respuesta específica será mucho más eficaz que regañarle o castigarle. Los elogios son más eficaces cuando son inmediatos y específicos.

Elogie la conducta de su hijo lo antes posible después de que haya hecho la tarea. Decir “buen trabajo” es positivo, pero no indica qué exactamente está causando el comentario positivo. Si dice esta frase con demasiada frecuencia, dejará de tener impacto. He aquí algunos ejemplos de elogios específicos:

- “Tu dormitorio está limpio y ordenado. Ahora podrás trabajar en un escritorio que tiene espacio libre.”
- “Debes de sentirte bien por haber resuelto tantos problemas de matemáticas correctamente. Seguro que estarás más seguro de tí mismo en el próximo examen”.

- "Me alegro de que no tengas tanta prisa por las mañanas. Ahora podemos relajarnos y disfrutar del desayuno juntos antes del cole".
- "Gracias por tu ayuda con los platos. Me da un respiro después de un largo día de trabajo".

Gestos no verbales, como abrazos o chocar los cinco, también son una forma eficaz de mostrar a tu hijo lo orgulloso que estás de sus logros.

Recompense solo la tarea realizada con éxito. Si tu hijo no realiza la tarea tal y como se pide en el contrato, no le sermonees o regañes. Si tu hijo pregunta por qué no recibe la recompensa, remítete al contrato con un tono de voz neutro, y anímelo a hacer la tarea la próxima vez.

Solucionar posibles problemas de los contratos

Los contratos suelen requerir algunos ajustes una vez aplicados. Si te encuentras con un obstáculo, es posible que el contrato solo necesite algunos pequeños cambios para hacer la tarea más explícita o la recompensa más motivadora para tu hijo.

En "Fuera de juego", el contrato no funcionó hasta que Gerardo y su padre consideraron sus expectativas y se pusieron de acuerdo en los detalles de la tarea, cambiando el contrato (ver "Lagunas").

Los contratos que esperan demasiados cambios de conducta de inmediato suelen fracasar. Por ejemplo, el contrato para tratar bien al perro de Maya fue demasiado exigente por requerir inicialmente que hiciese la conducta esperada cada tarde todos los días.

Truco: Si un contrato no funciona, cámbialo. Incluso los contratos más cuidadosamente planificados y bien redactados suelen necesitar ser ajustados.

Incluso cuando el niño cumple con la tarea de forma sistemática, un contrato puede fallar. En "El problema de los números", Pedro estudió matemáticas durante media hora, como indicaba su contrato, pero sus habilidades matemáticas no mejoraron. Cambiar la tarea a "resolver diez problemas de fracciones" ayudó a Pedro a alcanzar su objetivo de mejorar en su clase de matemáticas.

Siguiendo los ejemplos de las familias de este libro, si las cosas no funcionan según lo previsto con su contrato, no tire la toalla. Soluciona los problemas, revisa y vuelve a intentarlo. La mayoría de los problemas con los contratos se deben a una de las razones enumeradas en el siguiente cuadro. Si un problema y una posible razón se ajustan a su situación, estas posibles soluciones pueden ayudarle.

PROBLEMA	POSIBLE MOTIVO	POSIBLE SOLUCIÓN
Usted y su hijo no están de acuerdo en si la tarea se ha terminado.	• La tarea no está claramente especificada.	• Véase el capítulo "Escribir el contrato". • Negociar y reescribir las partes del contrato relativas a las tareas de "cuándo" y "cómo".

Su hijo no cumple los requisitos de la tarea.	• Su hijo no entiende la tarea. • La tarea no está claramente especificada. • La tarea es demasiado difícil para la capacidad actual de su hijo.	• Muestre como se hace la tarea y de feedback. • Elogie los intentos de su hijo. • Proporcione ayudas visuales, como fotos, o auditivas, como un cronómetro (ver *Recursos*). • Revise los detalles de la tarea en el contrato. • Cambiar los requisitos de la tarea. • ¿Está siendo justo? Pregúntese: ¿Es el esfuerzo del niño acorde a su capacidad?
Su hijo nunca intenta la tarea.	• Su hijo se olvidó. • La recompensa no es suficiente motivación. • Su hijo nunca quiso o tuvo la intención de hacer el contrato	• Coloca el contrato en un lugar destacado como recordatorio. • Enseña a tu hijo a utilizar un temporizador o una aplicación como indicador. • Valore con su hijo el cambio de la recompensa (véase el capítulo "Elegir la recompensa"). • Pregúntale a tu hijo por qué no está intentando la tarea después de firmar el contrato. Escúchele y valore solucionar el problema juntos. • Consulta el capítulo "Si tu hijo no quiere probar el contrato de conducta".

PROBLEMA	POSIBLE MOTIVO	POSIBLE SOLUCIÓN
Su hijo se queja del contrato.	• Tu hijo pone en cuestión o ignora las instrucciones que has dado.	• Consulta el capítulo "Si tu hijo no quiere probar el contrato de conducta".
Después de realizar la tarea y recibir la recompensa una o dos veces, su hijo pierde el interés.	• Es posible que tu hijo quiera que le prestes más atención. • La recompensa ya no motiva a su hijo.	• Preste atención a la finalización de cada tarea y de elogios específicos (ver página 178). • Deje que su hijo elija entre un menú de recompensas. • Dé una recompensa extra por hacer tareas seguidas, o si logra una semana perfecta.
Su hijo hace la tarea de forma fiable, pero el problema subyacente no se resuelve.	• El contrato puede haberse centrado en la tarea equivocada (por ejemplo, estudiar fracciones en lugar de hacer fracciones en el caso de Pedro).	• Cuestiona por qué se redactó el contrato. Revisa el problema que se pretendía resolver y el objetivo que se pretendía alcanzar. • Si la tarea no ayuda directamente a resolver el problema, busque otra tarea que sí lo haga.
El contrato "funciona", pero no estáis contentos con él.	• El contrato requiere mucho trabajo. • La recompensa no le gusta al niño.	• Revise todo el proceso de contratos de conducta, consulte los capítulos "Seleccionar la tarea", "Elegir la recompensa" y "Redactar el contrato".

Evaluar un contrato

Una vez que haya puesto en práctica el contrato, haya solucionado los problemas y vea que su hijo está realizando la tarea, haga un seguimiento exhaustivo y reevalúe con frecuencia el proceso tanto objetiva como subjetivamente. He aquí algunas sugerencias:

Observe la conducta de su hijo. El registro de tareas es una representación visible de las acciones de su hijo y ofrece una herramienta objetiva para evaluar el éxito del contrato en términos de cambio de comportamiento. ¿Muestra el registro de tareas que su hijo está haciendo la tarea de forma regular?

Piensa también en las siguientes preguntas. A continuación, comparte tus ideas con tu hijo y obtén su opinión.

Pregúntate a ti mismo:

- ¿Su hijo hizo la tarea correctamente en el período de tiempo establecido?
- ¿Ha mejorado la conducta, aunque sea un poco, en comparación con antes de la aplicación del contrato?
- ¿Su hijo se ha ganado la recompensa y se la ha dado a tiempo?
- Si las respuestas son afirmativas, el contrato es un éxito en su nivel más básico.

Si la respuesta es sí, el contrato habrá sido un éxito.

Valore la opinión de cada miembro de la familia. Aunque un contrato puede dar lugar al cambio de comportamiento deseado, esta no es la única medida del éxito. También es importante tener en cuenta cómo se siente cada participante con la experiencia del contrato de conducta.

Pregúntate a tí mismo:

- ¿Se siente bien mi hijo al realizar la tarea?
- ¿Disfruta mi hijo de la recompensa?
- El contrato de conducta, ¿tiene un efecto positivo en la relación con mi hijo?
- ¿Te sientes cómodo utilizando el contrato de conducta?

Si las respuestas a alguna de las preguntas anteriores son negativas, trabaje con su hijo para ver si puede modificar el contrato y aplicarlo de forma que sea más eficaz y agradable para todos los miembros de la familia.

Si lo considera oportuno, convoque una reunión familiar para escuchar los distintos puntos de vista. Comparta el registro de tareas, así como su evaluación personal de cómo van las cosas. Pregunte a su hijo y a otros miembros de la familia:

- ¿Cómo crees que va el contrato?
- ¿Tienes alguna sugerencia para mejorarlo?

Utiliza la tabla de resolución de problemas de este capítulo y remítete a los capítulos anteriores o a las historias relevantes para guiar esta conversación.

Seguir ajustando el contrato juntos. Cuando tú y tu hijo estéis de acuerdo en los cambios, anótalos en el contrato original y pon tus iniciales. Si los cambios son significativos, redacta un nuevo contrato.

Desvanecer y terminar el contrato

En la mayoría de los casos, los contratos no están concebidos para ser permanentes. Los contratos son una herramienta de transición para poner en marcha comportamientos positivos hasta que se conviertan en parte de la rutina de su hijo.

Algunos contratos pueden estar limitados en el tiempo desde el principio, mientras que otros pueden desaparecer gradualmente. La investigación ha demostrado que la siguiente progresión es una forma eficaz de eliminar los contratos.

- **Usted gestiona la tarea y la recompensa.** Comunícate con tu hijo para identificar y especificar la tarea y la recompensa. Controla y registra el rendimiento de tu hijo en el registro de tareas. Entrega la recompensa.
- **El niño supervisa la tarea.** Entregar la recompensa. Enséñale a controlar su propio rendimiento, siendo él mismo quien controle la tarea (inicialmente con tu ayuda). Una vez que el control de su hijo

sea preciso, permítale que se autocontrole. Cuando su hijo le diga que ha terminado la tarea, usted le da la recompensa.

- **Su hijo gestiona la tarea y la recompensa.** El niño determina cuándo se ha terminado la tarea y accede a su propia recompensa, posiblemente eligiendo de un menú de recompensas.
- **Su hijo realiza la tarea sin recompensa.** Su hijo ya no necesita una recompensa para sentirse animado a realizar la tarea. El cambio de comportamiento positivo se ha convertido en una rutina.
- **Su hijo puede crear un autocontrato para una nueva tarea, si lo desea.** Cuando el contrato original termine, su hijo puede disfrutar de la oportunidad de desarrollar un autocontrato en el que identifique una nueva tarea y una forma de recompensarse a sí mismo. Dependiendo de la edad y el nivel de habilidad de su hijo, podría incluso gestionar todo el proceso de contratos de conducta de forma independiente.

Seguir creciendo juntos

Es posible que su hijo acepte los contratos de inmediato o que le gusten una vez que haya perfeccionado lo que está haciendo. Es normal que tenga que perfeccionar los contratos una vez que los pruebe, y le animamos a que colabore con su hijo en la resolución de problemas. Si tu hijo sigue sintiéndose incómodo con los contratos, consulta los recursos para conocer otras estrategias de crianza positiva.

Incluso si el contrato de conducta no resuelve el problema inicial, apoye a su hijo por intentar un nuevo enfoque. El simple hecho de participar en el proceso de contratos de conducta ayudará a su hijo a aprender una serie de habilidades, como la resolución de problemas, la negociación y la autodefensa. Les deseamos a usted y a su familia muchos contratos exitosos. Para nosotros sería muy importante que *Vamos a firmar un contrato* le ayudara a cambiar la conducta de su hijo de forma positiva y a mejorar las relaciones dentro de la familia.

Siguiente paso

Los dos últimos capítulos abordan situaciones especiales, tales cómo crear contratos con imágenes para niños sin repertorio de lectura o qué hacer si su hijo no quiere intentar el contrato. Si no se da ninguna de las dos situaciones, ¡ya has terminado!

CÓMO HACER UN CONTRATO

Seleccionar la tarea

Seleccionar la recompensa

Escribir el contrato

Aplicar el contrato

Los contratos no tienen por qué estar escritos con palabras. Niños sin repertorio de lectura también pueden usarlos.

EN ESTE CAPÍTULO APRENDERÁS:

- Cómo hacer un contrato de imágenes

15

Contratos de imágenes para niños que no leen

Aunque los contratos suelen estar escritos con palabras, frases u oraciones cortas, puede utilizar imágenes o símbolos para representar la tarea y la recompensa si su hijo no lee, o si prefiere utilizar imágenes.

Este tipo de contratos pueden ser efectivos con:

- Preescolares (3-5 años), como Maya en "El terror de las mascotas".
- Niños de primaria con habilidades limitadas de lectura y escritura.
- Niños mayores con discapacidades que carecen de habilidades de lectura, pero pueden entender la relación si-entonces entre la tarea y la recompensa en un contrato ("si hago esto, entonces obtendré aquello").

CONTRATO

TAREA	RECOMPENSA

   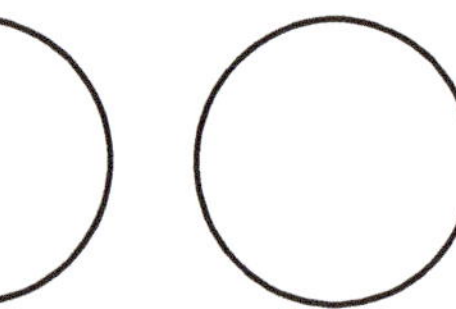

Firme aquí:  Javi  14 de febrero

Firme aquí:  Papá  14 de febrero

Veamos un contrato con imágenes elaborado para Javi, un no lector con escasa capacidad de reconocimiento de palabras escritas que entiende las instrucciones orales.

Tarea

En este ejemplo, la tarea de Javi es poner la mesa. Las fotos ilustran las partes del contrato relativas a las tareas:

- *Quién* y *Qué:* Una foto muestra a Javi poniendo la mesa.
- *Cuándo*: Una imagen de una esfera de reloj muestra la hora a la que debe comenzar la tarea para que se haga a tiempo.
- *Cómo de bien:* Una foto muestra un mantel individual con un plato, cubiertos, vaso y servilleta en las posiciones adecuadas. Javi puede comprobar que ha hecho la tarea correctamente comparando dónde ha colocado cada elemento con lo que muestra la foto.

Recompensa

En este ejemplo, la recompensa es que Javi puede hacer un postre con papá.

Las fotos ilustran las partes de recompensa del contrato:

- *Quién* y *Qué:* Una foto muestra a Javi y a su padre haciendo galletas y otras muestran los postres que Javi puede elegir hacer.

Truco: Que el primer contrato tenga éxito es especialmente importante para ayudar a los no lectores a entender la relación si-entonces entre la tarea y la recompensa. Aunque Javi tuvo que poner la mesa durante cinco noches antes de poder hacer un postre especial con su padre, recibir una pegatina y pegarla en su contrato cada vez que ponía la mesa fue una consecuencia positiva inmediata por hacer la tarea.

- *Cuándo:* Una fila de cinco círculos vacíos en el contrato representa el número de días que faltan para que Javi reciba la recompensa. Cada día, después de que Javi ponga la mesa, su padre o su madre le dan una pegatina en forma de círculo, que pone sobre uno de los círculos vacíos. Cuando los cinco círculos estén cubiertos por una pegatina, Javi podrá elegir uno de los cuatro postres diferentes para hacer con su padre.
- Además de mostrar cuándo se ganará la recompensa, los cinco círculos sirven de registro de tareas. Cada vez que Javi coloca una pegatina en el contrato, él y sus padres pueden ver su progreso.
- *Cuánto*: Las fotos de cuatro postres muestran a Javi las opciones del menú de postres entre las que puede elegir.

Javi eligió la imagen de una batidora como sello oficial de su contrato.

Imágenes que pueden utilizarse

Al utilizar solo imágenes o dibujos en lugar de palabras escritas para ilustrar cada parte del contrato, el objetivo principal es encontrar o crear imágenes que su hijo entienda. Su significado debe ser claras y su contenido lo más específico posible. Las fuentes de imágenes pueden incluir una o una combinación de las siguientes:

Fotos personalizadas. Haz fotos de tu hijo que se correspondan con la tarea y premia las partes del contrato, como el aspecto que tiene hacer la tarea (por ejemplo, hacer la cama) y lo bien que debe hacerse la tarea (foto de una cama bien hecha). En "Por mí mismo", la madre de Tino tomó fotos de él haciendo cada paso de su tarea de "prepararse para la escuela". En "El terror de las mascotas", una foto de tres de los libros favoritos de Maya representaba la recompensa de que le leyeran un cuento.

Imágenes de revistas o de internet. Si buscas imágenes en Internet, haz que tu búsqueda sea lo más específica posible, incluyendo palabras clave del entorno, como "dormitorio", donde se realizará la tarea, además de palabras que describan la tarea y los elementos de recompensa. En el contrato de Maya, parte de su tarea "sé amable con las mascotas" se representaba con una imagen de una niña jugando felizmente con un perro, que su familia encontró en un anuncio de comida para mascotas en una revista.

Imágenes dibujadas a mano. Si a tu hijo o a otro miembro de la familia les gusta dibujar, pueden ilustrar las partes del contrato. Estos bocetos no tienen que ser obras de arte, solo lo suficientemente claros para comunicar cuál es la tarea y la recompensa. Para ilustrar "mira cómo nadan los peces en lugar de molestarlos", la hermana de Maya hizo un dibujo de una niña que miraba a los peces nadando en una pecera con grandes sonrisas en sus caras.

Símbolos e iconos. El contrato de Javi tenía cinco círculos para representar que tenía que hacer la tarea durante cinco días para ganar la recompensa.

Registro visual de la tarea. Su hijo puede utilizar señales visuales en lugar de numéricas para registrar las tareas terminadas. Un ejemplo de registro visual de tareas es el de Javi, que utiliza pegatinas para rellenar los círculos cada vez que lleva a cabo su tarea. Sus padres también podrían haberle hecho colorear los cinco círculos que conducen a un dibujo de la recompensa.

Formas de representar el tiempo

Muchos contratos incluyen el factor tiempo. He aquí algunas formas visuales de ilustrar el tiempo con imágenes en lugar de palabras:

- **Relojes.** Aunque su hijo no sepa decir la hora, puede utilizar la imagen de la esfera de un reloj para mostrarle el aspecto de un reloj a las horas pertinentes. Por ejemplo, si su hijo puede tener tiempo de pantalla desde las 19:00 hasta las 20:00 como recompensa, dibuje la esfera de un reloj a las 19:00 y una segunda esfera que muestre las 20:00. Cuelgue o coloque un reloj no digital con números fáciles de leer cerca para que su hijo lo consulte. También puede utilizar la imagen de un reloj digital, si le resulta más familiar a su hijo.

- **Hora del día.** Puedes ilustrar una tarea que deba empezar o terminar a una hora determinada del día, por ejemplo, un sol saliendo para indicar cuándo se levanta tu hijo por la mañana o un autobús escolar para indicar la hora a la que debe estar listo para salir.
- **Cronómetro.** Si la tarea o la recompensa tienen un tiempo determinado, como leer durante 30 minutos como tarea y jugar a un juego de aprendizaje por ordenador durante 30 minutos como recompensa, tu familia puede utilizar un temporizador de cocina manual. Demuéstrele cómo ajustar el temporizador (puede marcar el tiempo exacto de la tarea y la recompensa con cinta adhesiva o una pegatina) y explíquele que el sonido señala el final del tiempo. También puede enseñar a su hijo a utilizar una de las muchas aplicaciones gratuitas para tabletas y teléfonos inteligentes que ayudan a los niños a controlar el tiempo (ver Recursos).

Haz tu propio contrato de imágenes

Aquí tienes las instrucciones para hacer contratos con imágenes.

- **Planifica la actividad.** Antes de empezar, piense en cómo puede involucrar a su hijo en la creación del contrato y hacer que sea una actividad divertida. Escoge una hora que, en general, sea buena para ti y para tu hijo, cuando no tengas prisa y nadie tenga hambre o esté cansado.
- **Divide el espacio en dos.** Puedes utilizar una hoja de papel, pegar varias hojas o utilizar cartulina, según el espacio que necesites para los dibujos. El lado izquierdo mostrará la tarea. El lado derecho mostrará la recompensa.
- **Incluye una imagen a la izquierda que ilustre la tarea.** Debe mostrar a su hijo (*Quién*) haciendo la tarea (*Qué*) de una manera que su hijo entienda mejor.

Truco: Seleccione una tarea simple para el primer contrato y asegúrese de que haya una probabilidad alta de obtener la recompensa. Elogie a su hijo por intentar la tarea y felicítelo cuando obtenga la recompensa. Los niños que experimentan el éxito y disfrutan de su primer contrato estarán más dispuestos a utilizar contratos para tareas más exigentes en el futuro.

- **Incluye una imagen a la derecha que muestre el reforzador.** Dependiendo de cuál sea la recompensa, la imagen puede mostrar un objeto o a su hijo disfrutando de una actividad. De nuevo, utilice una imagen que su hijo entienda y con la que se sienta identificado.

Si tu hijo reconoce algunas palabras, puedes incluirlas junto con las imágenes, pero mantén las descripciones breves y utiliza solo palabras con las que esté familiarizado. Por ejemplo, un niño puede reconocer "juguetes en la caja" o "lavarse las manos" para una tarea y "leer un libro" o "ir al parque" para una recompensa. Si es así, escribe estas palabras o frases en el contrato.

Revisar el contrato juntos. . Utiliza un lenguaje claro y ejemplos para describir cada parte del contrato. En "El terror de las mascotas", la madre de Maya tomó la mano de su hija, señaló cada dibujo y le explicó lo que significaba cada uno. En el caso de la tarea, dijo: "¿Ves cómo la niña está jugando amablemente con su perro?".

Mostrar cómo se hace la tarea y practicar juntos. La madre de Maya mostró a su hija cómo era la tarea. "¿Ves, Maya, cómo acaricio a Luna con suavidad? No la golpeo. Y no le toco las orejas ni la cola. Inténtalo ahora". Luego hizo que Maya lo hiciera.

Describe o enseña la recompensa. Si es posible, muéstrele la recompensa real o proporciónesela después de que su hijo haya jugado a hacer la tarea, por ejemplo, leyendo un cuento a Maya.

Firmar el contrato. Una vez que considere que su hijo entiende claramente cada elemento del contrato, pídale que firme con su nombre y que le observe mientras usted firma el suyo. Si su hijo no puede firmar con su nombre, pídale que le observe mientras usted firma el contrato. A continuación, escriba su nombre y pídale que lo encierre en un círculo, o simplemente pídale que haga una marca como una X o un garabato en el lugar de su firma.

Añadir el sello oficial de la familia. Escoge algo significativo para tu familia que pueda ser copiado con facilidad. Una hoja de pegatinas iguales es una forma fácil de hacerlo. Un miembro de la familia también puede diseñar y dibujar el sello oficial, o descargar e imprimir una imagen.

Poner el contrato en un lugar visible. La familia de Maya pegó su contrato para tratar bien las mascotas en la pecera. Otros lugares típicos para exponer los contratos son la nevera, el espejo del baño o la puerta de la habitación. Si prefieren mantener el contrato en un lugar más privado, también está bien.

CÓMO HACER UN CONTRATO

Seleccionar la tarea

Seleccionar la recompensa

Escribir el contrato

Aplicar el contrato

Si de entrada su hijo no está interesado en el contrato, no se rinda.

EN ESTE CAPÍTULO APRENDERÁS:

- Qué hacer si su hijo no quiere probar un contrato de conducta

16

Si tu hijo no quiere probar el contrato

Después de leer las historias de *Vamos a firmar un contrato* solos o con sus padres, muchos niños están dispuestos a probar el contrato. Algunos incluso están deseando tener un contrato. Pero algunos niños siguen sin impresionarse o incluso se muestran hostiles a la idea. Otros niños no se oponen al contrato en sí, pero se sienten incómodos con cualquier cambio en su rutina.

Si su hijo dice que no al contrato por cualquier motivo, no discuta ni intente obligarle. Discutir sería contraproducente, la coacción no funcionará y es contraria al enfoque positivo del contrato de conducta. Sin embargo, eso no significa que debas rendirte. Muchos padres han descubierto que alguna de las estrategias siguientes (o una combinación de ellas) pueden persuadir al niño a probar el contrato.

Ignorar lo negativo y destacar lo positivo

La conducta del niño que recibe atención (positiva o negativa) de usted tiene más probabilidades de continuar que el que se ignora o se resta importancia. Si su hijo no está interesado en probar un contrato, minimice sus reacciones a las protestas contra el contrato y mantenga cualquier respuesta lo más neutral posible. En cambio, busque, reconozca y elogie cualquier respuesta positiva, aunque sea leve, al contrato de conducta.

Si tu hijo dice: "Los contratos son una estupidez", "Nunca conseguirás que firme un contrato" o "No me hables de esos estúpidos contratos", mantén la calma y resiste el impulso de intentar convencerle de que los contratos son geniales. Para algunos niños, pocas cosas son más gratificantes que involucrar a sus padres en una discusión animada. En su lugar, responda con una breve declaración neutra como: "Veo que no te interesa probar un contrato ahora mismo" o "Vale, te escucho".

Por otro lado, prepárese para responder de forma positiva si su hijo da cualquier respuesta remotamente positiva, o incluso neutra, a la idea de probar un contrato, como coger este libro, mirar el contrato de otro miembro de la familia o decir algo como "Me pregunto si alguien ha hecho alguna vez un contrato de... ?"

Demuestre un contrato con un hermano o un compañero

Ver un contrato exitoso en acción puede hacer que su hijo reticente se convierta en un niño "estoy dispuesto a probarlo". En las familias con más de un niño, los padres pueden hacer contratos con un hermano y darle muchos elogios por intentar el proceso, así como atención positiva por lograr éxitos. Si tu hijo es hijo único y hay dos adultos en la casa, haced un contrato entre vosotros para que sirva de modelo de contratos de conducta para tu hijo.

Si es hijo único, haga un contrato con un amigo o familiar. Haz todo lo posible para que el contrato de conducta parezca divertida. Los niños que ven continuamente a sus hermanos o a sus padres disfrutando de los contratos pueden decidir probarlos también.

Si tu hijo decide probar un contrato, ten cuidado de no convertirlo en una situación de "te lo dije". Un "¡Bienvenido a bordo! ¿Qué quieres que sea tu primer contrato?", será más eficaz y coherente con el espíritu de mantener el proceso positivo.

Ponga una recompensa suya en manos de su hijo

Algunos niños desconfían de lo que sus padres les tienen reservado, sobre todo si las interacciones anteriores han tenido consecuencias negativas como regañinas, castigos o desaprobación en respuesta a su comportamiento. En estos casos, el siguiente enfoque puede ayudar.

Dígale a su hijo: "Muy bien, si crees que los contratos no son justos (no funcionan, piden demasiado, o cualquier cosa que a su hijo se le ocurra), vamos a firmar un contrato para mí". Deje que su hijo controle la recompensa y especifique una tarea que usted debe realizar. Así, ante una situación de posible indefensión, su hijo podrá recuperar cierto control.

Después de esta experiencia, muchos niños cambian de actitud. En ese momento, puedes sugerirle que cambie las tornas e inicie un contrato en el que se especifique una tarea para que tu hijo ha de hacer.

Proponga un autocontrato

Algunos niños pueden no creer en el contrato, quizá sospechan que al realizar la tarea, no recibirán la recompensa. Un método para tratar esta desconfianza es dejar que su hijo desarrolle y ponga en práctica un contrato propio. Dígale que puede controlar tanto tareas como recompensas (ver el capítulo "Un problema de números").

Truco: Si su hijo sigue negándose a probar la contracción después de todos sus esfuerzos, no pasa nada. Como decíamos al principio de este libro, el contrato de conducta no es la respuesta a todos los problemas. A veces, otros enfoques de crianza positiva funcionan mejor. En Recursos, identificamos varios libros excelentes sobre técnicas basadas en la evidencia para mejorar la conducta de los niños y las relaciones

Podría pensarse que los niños elegirán la tarea más fácil y la mayor recompensa, pero, contra todo pronóstico, la mayoría no lo hará. De hecho, las investigaciones demuestran que cuando se permite a los niños establecer sus propias normas y recompensas, pueden ser más duros consigo mismos que cuando lo hace un adulto.

Cómo responder a: "Yo no quiero un contrato"

Es posible que su hijo se resista a contratar alegando: "no necesito un contrato para hacer esas cosas". Aunque piense que este tipo de cosas "siempre se han hecho sin contrato", este puede ser el momento de tomarle la palabra a su hijo y ver qué pasa. Diga: "Muy bien, veamos si puedes hacerlo sin contrato".

Incluso sin contrato, puede hacer un seguimiento del progreso de su hijo utilizando un formulario de registro de tareas. Haz una sencilla tabla en la que tú o tu hijo registréis cada vez que se hace la tarea. También puede utilizar un calendario de pared en el que coloque una pegatina o dibuje una marca, como una estrella o una cara sonriente, cada vez que se hace la tarea. Ponga el registro cerca del lugar donde se realiza la tarea o en un espacio visible, como en la nevera, o bien en un espacio privado al que su hijo tenga fácil acceso.

Si su hijo realiza la tarea de forma sistemática y sin contrato, elógialo. El simple hecho de llevar un registro de las tareas realizadas y de prestar atención a los éxitos de su hijo puede ser suficiente para motivarlo.

Glosario

Análisis aplicado de conducta (ABA) Ciencia dedicada a la comprensión y mejora de la conducta humana. Consulte las referencias para obtener más información.

Analista de conducta Profesional formado y certificado que utiliza el análisis aplicado de la conducta para ayudar a las personas a modificar conductas de importancia personal y social. Entre los programas de certificación profesional acreditados destacan *Behavior Analyst Certification Board* (credenciales BCBA y BCaBA), *Qualified Applied Behavior Analysis Credentialing Board* (credenciales QBA y QASP-S) y *Behavioral Intervention Certification Council* (credencial BCAP).

Autismo o trastorno del espectro autista (TEA) Discapacidad del desarrollo caracterizada por problemas persistentes de comunicación e interacción social y por patrones de comportamiento, intereses y actividades restringidos, repetitivos y estereotipados.

Autocontrato Un contrato que una persona hace consigo misma al elegir la tarea y la recompensa.

Conducta Cualquier acción de una persona que pueda ser observada y medida.

Conducta de sustitución Una conducta deseable seleccionada para tomar el lugar de una conducta inapropiada o desafiante.

Contrato Acuerdo escrito en el que se especifica una tarea que se va a realizar y una recompensa que se va a recibir tras la realización de la misma (también llamado contrato de conducta o contrato de contingencia).

Contrato de imágenes Un contrato que representa la tarea y la recompensa con ilustraciones, fotos y/o símbolos.

Contrato de conducta Estrategia pedagógica que tiene como objetivo una tarea específica que debe realizarse y una recompensa que sigue a la realización de la tarea.

Menú de recompensas Una lista de recompensas que una persona puede elegir después de realizar con éxito una tarea del contrato.

Plantilla o formulario de tareas Un formulario para identificar posibles tareas para los contratos de otros miembros de la familia.

Plantilla o formulario "Mis recompensas" Un formulario para identificar posibles recompensas para los contratos. El niño y/o uno de sus padres enumeran las actividades, los objetos o los regalos especiales que podrían querer como recompensa.

Plantilla o formulario "Mis Tareas" Un formulario para identificar posibles tareas para los contratos. El niño y/o uno de los padres enumera las conductas que realiza actualmente para ayudar a la familia y otras formas en las que podría ayudar a la familia o a sí mismo en el futuro.

Programa visual de actividades Conjunto de ilustraciones, fotos y/o símbolos que muestran la secuencia de actividades de una rutina diaria (por ejemplo, prepararse para ir al colegio) o los pasos para hacer una única tarea (por ejemplo, hacer la cama). Para más información, ver la sección de *Recursos*.

Recompensa Consecuencia positiva (por ejemplo, un artículo, una actividad o un privilegio deseado) que se recibe tras terminar una tarea.

Registro de tareas La parte de un contrato que hace un seguimiento visual de la realización de las tareas.

Relación sí-entonces La relación entre la tarea y la recompensa en un contrato; si la tarea se hace, entonces la recompensa deberá entregarse.

Sello oficial Pequeña imagen que una familia crea o elige para reflejar su identidad. Cuando se coloca en un contrato, este sello personal de aprobación denota la importancia del contrato para todos los miembros de la familia que lo firman.

Tarea La conducta que la persona debe realizar para obtener la recompensa del contrato.

Recursos

Libros y artículos para padres

Barbera, M. L. (2021). *Turn Autism Around: An Action Guide for Parents of Young Children with Early Signs of Autism*. Hay House.

Barbera, M. L. (2022). *El enfoque de la conducta verbal: Cómo enseñar a niños con trastorno del espectro autista*. ABA España.

Daniels, A. (2016). *Bringing Out the Best in People: How to Apply the Astonishing Power of Positive Reinforcement* (3rd ed.). McGraw-Hill Education.

Friman, P. C. (2005). *Good Night, Sweet Dreams, I Love You: Now Get Into Bed and Go to Sleep!* Boys Town Press.

Kazdin, A. (2010). *Tiny Tyrants: How to Really Change Your Kid's Behavior*. https://slate.com/human-interest/2008/04/how-to-really-change-your-kid-s-behavior.html.

Kazdin, A. E. (2014). *El Metodo Kazdin para padres de niños desobedientes: Sin píldoras, ni terapias, ni enfrentamiento.* Autor.

Kazdin, A., y Rotella, C. (2010). *If You're Good, I'll Buy You a Toy: The difference between bribing your child and rewarding your child.* https://slate.com/human-interest/2010/03/why-bribing-your-child-doesn-t-work.html.

Latham, G. I. (1996). *The Power of Positive Parenting: A Wonderful Way to Raise Children*. P&T Ink.

Maurice, C. (1993). *Let Me Hear Your Voice: A Family's Triumph Over Autism*. Knopf.

Maurice, C., Green, G., y Luce, S. C. (Eds.). (1996). *Behavioral Intervention for Young Children with Autism: A Manual for Parents and Professionals*. Pro-Ed.

Ryan Gregory, C. (2021, April). *9 Special Education Strategies That Work for All Kids.* https://www.parents.com/kids/development/behavioral/special-education-strategies-that-work-for-all-kids.

Sounders, B. (2021). "Parenting Children with Positive Reinforcement." https://positivepsychology.com/parenting-positive-reinforcement.

The Council of Autism Service Providers (2021). *Tratamiento basado en análisis aplicado de conducta (ABA) para el trastorno del espectro autista: Guía de práctica clínica para decisores sociosanitarios* (2ª ed. en español, J. Virués-Ortega ed.). ABA España. https://doi.org/10.26741/978-84-09-28001-8

Thompson, T. (2009). *Freedom from Meltdowns: Dr. Thompson's Solution for Children with Autism*. Brookes Publishing.

van Diepen, M., y van Diepen, B. N. (2021). *ABA en Imágenes: Una guía visual para padres y maestros* (J. Virues-Ortega, ed.). Van Diepen Studio.

Cursos para padres a través de Internet

Everyday Parenting: The ABCs of Child Rearing. Impartido por el Dr. Alan Kazdin, Universidad de Yale. Se presentan técnica de modificación de conducta infantil. https://www.coursera.org/learn/everyday-parenting.

Simple Steps Autism - Curso Introductorio sobre ABA para Familias. Consorcio Simple Steps. https://aba-elearning.com/publicaciones 

Recursos para contratos

Aspen, A., y Stack. L. (2019). *Visual Activity Schedules for Students with Autism Spectrum Disorder*. https://www.youtube.com/watch?v=YNfnuuATlkA.

Cohen, M. J., y Gerhardt, P. F. (2015). *Visual Supports for People with Autism: A Guide for Parents and Professionals* (2ª ed.). Woodbine House.

Happy Kids Timer Family Chores. Este app de cuenta atrás gratuito puede ser muy útil para ciertas rutinas.

I-Connect Self-Monitoring. Una aplicación gratuita desarrollada en la Universidad de Kansas, la aplicación I-Connect es completamente personalizable y puede configurarse para tiempos de aprendizaje virtual, tiempo en tarea e incluso el tiempo libre. https://iconnect.ku.edu/i-connectathome

McClannahan, L. E., y Krantz, P. J. (2010). *Activity Schedules for Children with Autism: Teaching Independent Behavior* (2ª ed.). Woodbine House.

Referencias

Investigación sobre contratos de coducta

Aguilar, C. y Navarro Guzmán, J. I. (2008). Análisis funcional e intervención con economía de fichas y contrato de contingencias en tres casos de conductas disruptivas en el entorno escolar. *Revista Latinoamericana de Psicología, 40*, 1, 133-139.

Aracelia Marco, A., y Gallar Martínez, J. (2006). Implantación de un contrato conductual en estudiantes universitarios. *Educación Médica, 11*(4), 239-246

Bowman-Perrott, L. D., Burke, M. D., deMarin, S., Zhang, N., y Davis, H. (2015). A Meta-Analysis of Single-Case Research on Behavior Contracts: Effects on Behavioral and Academic Outcomes among Children and Youth. *Behavior Modification*, *39*(2), 247–269.

Gurrad, A. M., Weber, K. P., y McLaughlin, T. F. (2002). The Effects of Contingency Contracting for a Middle School Student with Attention Deficit Hyperactivity Disorder During Corrective Reading Lessons: A Case Report. *International Journal of Special Education, 17*, 26–31.

Hawkins, E., Kingsdorf, S., Charnock, J., Szabo, M., Middleton, E., Phillips, J., y Gautreaux, G. (2011). Using Behavior Contracts to Decrease Antisocial Behavior in Four Boys with Autistic Spectrum Disorder at Home and at School. *British Journal of Special Education, 38*, 202–208.

Miller, D.L., y Kelley, M.L. (1994). The Use of Goal Setting and Contingency Contracting for Improving Children's Homework Performance. *Journal of Applied Behavior Analysis*, *27*, 73–84.

Mruzek, D. W., Cohen, C., y Smith, T. (2007). Contingency Contracting with Students with Autism Spectrum Disorders in a Public School Setting. *Journal of Developmental and Physical Disabilities, 19*, 103–114.

Ruth, W.J. (1996). Goal Setting and Behavioral Contracting for Students with Emotional and Behavioral Difficulties: Analysis of Daily, Weekly, and Total Goal Attainment. *Psychology in the Schools, 33*, 153–158.

Investigación con el método de contrato "Firma aquí"

Kabler, M. L. (1976). *Teaching Fourth-Grade Children to Use Self-Contracting as a Form of Self-Control* (Tesis doctoral). Retrieved from ProQuest Dissertations Publishing, 7702427. Resumen: Tres maestros usaron el libro *Sign Here* para enseñar habilidades de uso de contratos a sus estudiantes.

Norman, J. E. (1977). *The Effects of Programmed Instructional Materials: Parent Training in Contingency Contracting* (Tesis doctoral). ProQuest Dissertations Publishing, 7805898. Resumen: Se evaluó a padres de niños que presentaban problemas de conducta persistentes mientras usaban el libro *Firme aquí* para redactar y aplicar contratos. Ocho de los nueve contratos redujeron notablemente los problemas de conducta.

Shrewsberry, R. D. (1977). *Assignment Completion in Group Parent Training* (Tesis doctoral). Retrieved from ProQuest Dissertations Publishing, 7731977. Resumen: Cincuenta y nueve familias prepararon y aplicaron 154 contratos con sus hijos. Los padres consideraron que 138 (90%) de esos contratos fueron efectivos en incrementar las tareas especificadas.

Análisis Aplicado de Conducta: La ciencia detrás de los contratos de conducta

Cooper, J. O., Heron, T. E., y Heward, W. L. (2020). *Análisis aplicado de conducta, Tercera edición en español* (J. Virues-Ortega, ed.). ABA España.

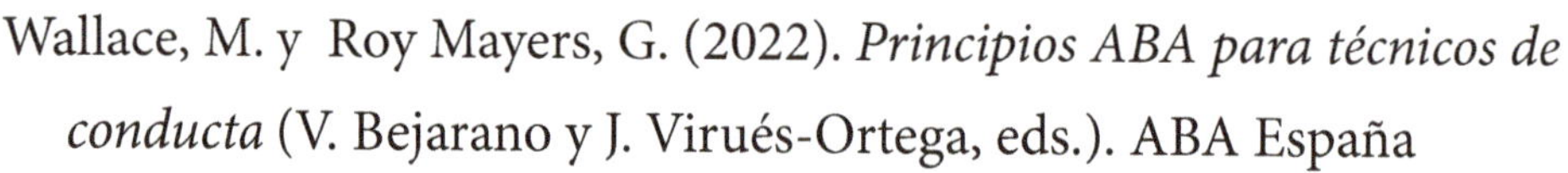
Wallace, M. y Roy Mayers, G. (2022). *Principios ABA para técnicos de conducta* (V. Bejarano y J. Virués-Ortega, eds.). ABA España

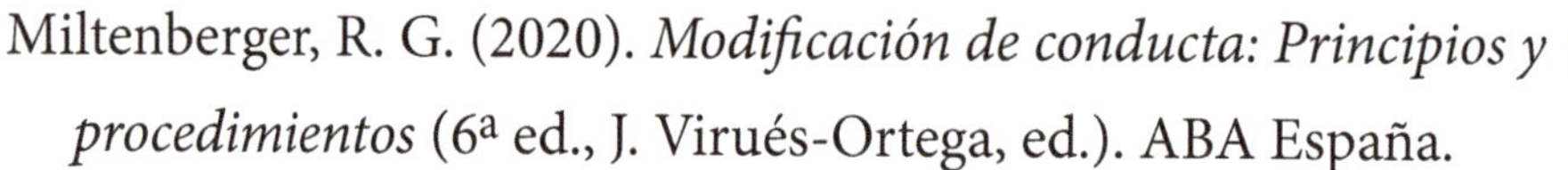
Miltenberger, R. G. (2020). *Modificación de conducta: Principios y procedimientos* (6ª ed., J. Virués-Ortega, ed.). ABA España.

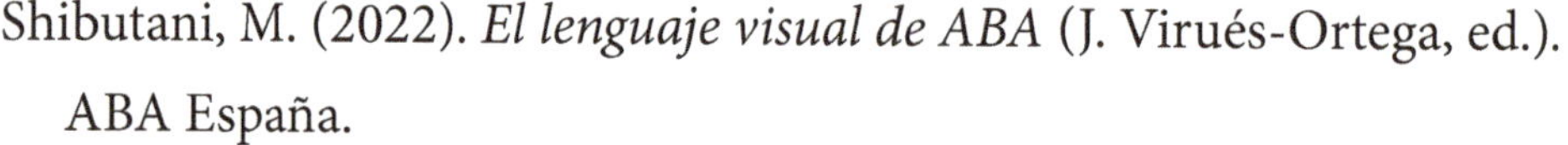
Shibutani, M. (2022). *El lenguaje visual de ABA* (J. Virués-Ortega, ed.). ABA España.

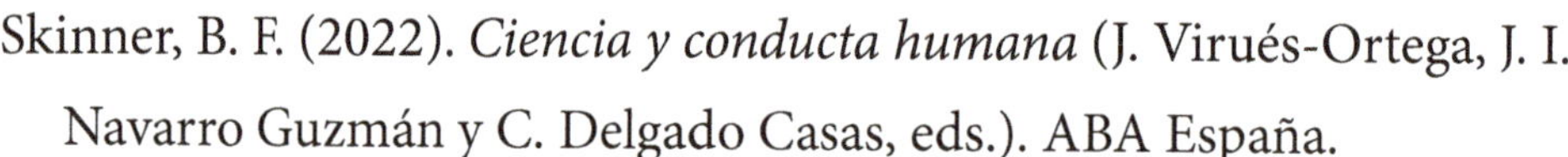
Skinner, B. F. (2022). *Ciencia y conducta humana* (J. Virués-Ortega, J. I. Navarro Guzmán y C. Delgado Casas, eds.). ABA España.

Efectos del elogio en la conducta infantil

¡No habíamos visto un poder semejante! Es asombrosa la velocidad y la magnitud de los efectos sobre la conducta de los niños en el mundo real de ajustar algo tan omnipresente y sencillo como la atención de los adultos. Cuarenta años más tarde, el reforzamiento social (atención positiva, elogios, "pillarles siendo buenos") se ha convertido en un pilar fundamental de la formación de padres y maestros. Podría decirse que es uno de los descubrimientos más influyentes de la psicología moderna.

Todd R. Risley (*Journal of Applied Behavior Analysis*, 2005, pág. 280).

Marchant, M., Young, K. R., y West, R. P. (2004). The effects of parental teaching on compliance behavior of children. *Psychology in the Schools, 41*(3), 337-350.

Moore, T. C., Maggin, D. M., Thompson, K. M., Gordon, J. R., Daniels, S., y Lang, L. E. (2019). Evidence review for teacher praise to improve students' classroom behavior. *Journal of Positive Behavior Interventions, 21*(1), 3–18.

Strain, P. S., y Joseph, G. E. (2004). A not so good job with "Good job." *Journal of Positive Behavior Interventions, 6*(1), 55–59.

Agradecimientos

Estamos en deuda con los Drs. Richard Malott y Donald Whaley, que valoraron positvamente nuestra propuesta de llevar el contrato de conducta a las familias a través de cuentos infantiles. Los cursos de psicología de *Western Michigan University* de estos pioneros en la aplicación de la ciencia de la conducta a la mejora de la vida de las personas introdujeron al primer autor al análisis de conducta. La edición original de este libro, publicada bajo el título *Sign Here* fue editada por *Behaviordelia* gracias a Malott y Whaley en los años 80. El Dr. Walter Barbe, que por aquel entonces era editor de *Highlights for Children*, nos dio valiosos consejos para hacer que las historias fueran interesantes para el público infantil y sus padres y escribió el prólogo original.

Agradecemos a los Drs. Michael Kabler, James Norman y Robert Shrewsberry, cuyas tesis doctorales contribuyeron a la investigación y al desarrollo de nuestro método. Agradecemos a las numerosas personas y organizaciones que tradujeron y publicaron *Sign Here* poniéndolo al alcance de familias de todo el mundo. Entre nuestros socios internacionales se encuentran: Dr. Nikolay Alipov (Pirogov Russian National Research Medical University, Moscú), Drs. Esteban y Fernando Armendariz (Centro Walden, Hermosillo, México), Anca Dumitrescu, BCBA (Autism Voice, Bucarest, Rumanía), Dr. Giovanni Maria Guazzo (Instituto sobre Investigación, Formación e Información sobre Discapacidades, Ottaviano, Italia); Dra.

Yini Liao (Universidad Sun Yat-sen, Guangzhou, China), Kathryn Mendoza, BCBA, e Ian Russel Mendoza (ABA Training Solutions, Manilla, Filipinas), Dr. Karel Pancocha (Universidad de Masaryk, Brno, República Checa), Marta Sierocka-Rogala, BCBA (Fundacja Scolaris, Varsovia, Polonia), Ayako Tamura (autora/artista de manga, Hakodate, Japón), Dra. Sakurako Tanaka (Asia-Pacific ABA Network), y Li Wu (Trinity College Dublin, Irlanda).

Transformar *Sign Here* en *Vamos a firmar un contrato* ha sido un trabajo de equipo. Saludamos a la Dra. Kimberly Nix Berens, autora de *Blind Spots: Why Students Fail and the Science That Can Save Them*, por introducirnos a *The Collective Book Studio*, editor de la version en inglés de este libro. La fundadora de esa editorial, Angela Engel, y la editora de adquisiciones, Elisabeth Saake, tienen una pasión contagiosa por hacer libros que importan. El diseñador David Miles y el ilustrador Albert Pinilla convirtieron nuestro texto original en este bello y vistoso libro. Las correctoras Meg Dendler y Tamar Schwartz aportaron el pulido final al manuscrito. También recibimos ánimos y orientación de la editora de desarrollo Elizabeth Dougherty. La experiencia editorial de Elizabeth es evidente en cada página. Fue un placer trabajar con ella. Echaremos de menos nuestros *zooms* semanales con ella. La Dra. Moira Konrad, nuestra fantástica correctora de pruebas, aportó muchas sugerencias acertadas que incorporamos al manuscrito.

Estamos especialmente agradecidos a Catherine Maurice por su continuo apoyo y estímulo. Su libro, *Let Me Hear your Voice*, sigue inspirando a padres de todo el mundo sobre la eficacia de la educación basada en ABA para los niños con autismo. Por último, y muy especialmente, agradecemos a las familias con las que hemos tenido el privilegio de trabajar y aprender a lo largo de los años. Sus experiencias nos han enseñado valiosas lecciones que nos complace compartir con ustedes a través de este libro.

Plantillas de contratos

CONTRATO

TAREA	RECOMPENSA
* Quién:	* Quién:
* Qué:	* Qué:
* Cuándo:	* Cuándo:
* Cómo de bien:	* Cuánto:

L	M	X	J	V	L	M	X	J	V	L	M	X	J	V

Firme aquí: ____________________ __________

Firme aquí: ____________________ __________

CONTRATO

TAREA	RECOMPENSA
* Quién:	* Quién:
* Qué:	* Qué:
* Cuándo:	* Cuándo:
* Cómo de bien:	* Cuánto:

Firme aquí: ______________________ ______________

Firme aquí: ______________________ ______________

TAREA

* Quién:

* Qué:

* Cuándo:

* Cómo de bien:

RECOMPENSA

* Quién:

* Qué:

* Cuándo:

* Cuánto:

Firme aquí: ____________ ____________

Firme aquí: ____________ ____________

L	M	X	J	V	S	D	L	M	X	J	V	S	D	L	M	X	J	V	S	D

MIS TAREAS:

QUÉ HACER PARA AYUDAR A MI FAMILIA	OTRAS FORMAS DE AYUDAR A MI FAMILIA Y A MÍ MISMO
•	•
•	•
•	•
•	•
•	•
•	•
•	•
•	•
•	•
•	•

TUS TAREAS:

QUE PUEDE HACER PARA AYUDAR	OTRAS FORMAS EN QUE PODRÍA AYUDAR
•	•
•	•
•	•
•	•
•	•
•	•
•	•
•	•
•	•

MIS RECOMPENSAS:

ACTIVIDADES EN CASA	REGALOS Y COSAS ESPECIALES
•	•
•	•
•	•
•	•

ACTIVIDADES FUERA DE CASA	OTRAS
•	•
•	•
•	•

MIS RECOMEPENSAS:

MIS ACTIVIDADES Y COSAS FAVORITAS, Y REGALOS ESPECIALES

-
-
-
-
-
-
-
-
-
-
-
-
-

Ediciones en otros idiomas

Traducciones de *Firme aquí*, versión anterior de este libro (*Sign Here: A Contracting Book for Children and Their Parents*, 2ª edición):

- Chino (2021). Sun Yat-sen University Press.
- Checo (2018). Masaryk University Press.
- Español (2020). Walden Center, Hermosillo, Mexico.
- Filipino (2022). ABA Training Solutions.
- Italiano (2017). IRFID S. R. L.
- Japonés (2022). Tokyo: Akashi-Shoten.
- Polaco (2017). Fundacja Scolaris.
- Rumano (2016). Autism Voice.
- Ruso (2016). Practica Publishing.
- Turco (2018). Tohum Autism Foundation.

JILL C. DARDIG es profesora emérita de educación en Ohio Dominican University, donde ha formado a maestros de educación especial durante tres décadas. Jill ha escrito varios libros para padres, como *Implicar a los padres de estudiantes con necesidades especiales: 25 estrategias prácticas*. Jill es licenciada por Mount Holyoke College y tiene un máster y un doctorado en educación por la Universidad de Massachusetts.

WILLIAM L. HEWARD es profesor emérito de la facultad de educación de Ohio State University, es analista de conducta certificado BCBA-D y expresidente de Association for Behavior Analysis International (ABAI). Bill es coautor, entre otros títulos, de los libros *Análisis aplicado de conducta,* publicado en español por esta editorial, y *Niños excepcionales: Una introducción a la educación especial*. Solo estos dos títulos suman más de un millón de ejemplares vendidos. Bill estudio en Western Michigan University y tiene un doctorado en educación por la Universidad de Massachusetts.

www.ingramcontent.com/pod-product-compliance
Ingram Content Group UK Ltd.
Pitfield, Milton Keynes, MK11 3LW, UK
UKHW061952290726
14090UKWH00021B/1187